DISSERTATION
SUR
LES VARIÉTÉS NATURELLES
QUI CARACTÉRISENT LA PHYSIONOMIE
DES HOMMES DES DIVERS CLIMATS ET DES DIFFÉRENS AGES.

SUIVIE

De Réflexions sur la Beauté; particulièrement sur celle de la tête; avec une Manière nouvelle de dessiner toute sorte de têtes avec la plus grande exactitude.

Ouvrage posthume de M. PIERRE CAMPER.

Traduit du Hollandois par H. J. JANSEN.

On y a joint une Dissertation, du même Auteur, sur la meilleure Forme des Souliers.

Le tout enrichi de XI Planches en taille-douce.

A PARIS,
Chez H. J. Jansen, Imprimeur-Libraire, Cloître Saint-Honoré.
Et A LA HAYE,
Chez J. Van Cleef, Libraire, sur le Spuy.

1791.

PRÉFACE
DE
L'ÉDITEUR HOLLANDOIS.

La dissertation que je présente au Public fut conçue en 1768 ; *l'auteur l'enrichit de plusieurs additions en* 1772, *et la porta*, *en* 1786, *au point de perfection où nous la voyons aujourd'hui. A cette dernière époque, elle devoit enfin être publiée; mais des occupations importantes et multipliées empêchèrent l'auteur de la mettre alors au jour. L'année* 1789 *lui parut être plus favorable à cette entreprise; mais une mort prématurée ne lui permit pas de remplir ce dessein. Il étoit du devoir d'un fils d'examiner avec la plus grande attention les écrits laissés par un père respectable avant de les faire paroître; et de nouvelles contrariétés ont retardé jusqu'à ce moment l'impression de cet ouvrage.*

Il seroit inutile de nous arrêter ici sur l'objet de cette dissertation, puisque l'auteur a lui-même pleinement satisfait, dans sa Préface, notre curiosité à cet égard.

Je suis loin de me flatter d'avoir donné à cet ouvrage le degré de perfection qu'il auroit acquis entre les mains de l'auteur. Il y manque quelques remarques, et un article entier sur les véritables caractères distinctifs de l'antique dans les statues, les médailles et les pierres gravées. La Planche IX *étoit principale-ment destinée à cet objet; et la description devoit s'en trouver à la fin de la troisième partie. Je me suis contenté de donner, dans cet endroit, une explication de ces figures.*

A. G. CAMPER.

PRÉFACE DE L'AUTEUR.

Comme un goût particulier m'a porté, dès ma plus tendre jeunesse, vers la peinture et les autres arts d'imitation, il étoit naturel que je m'appliquasse avec beaucoup de soin à connoître tous les traits caractéristiques des hommes et des animaux, qui me parurent mériter principalement mon attention, comme étant les chefs-d'œuvre de la nature. Le dessin et le plastique furent par conséquent les principaux amusemens de mes premières années. Dans un âge plus avancé, je fus singulièrement frappé de la configuration et de la couleur des Noirs; mais la peau et les traits de la physionomie des Nègres des Indes occidentales et de l'Afrique fixèrent sur-tout ma curiosité.

Lorsque, par la suite, je m'appliquai à dessiner, d'après les meilleurs plâtres des anciens maîtres grecs, tels que les têtes de l'Apollon Pythien, de la Vénus de Médicis, de l'Antinous, de l'Hercule Farnèse, ou d'après les belles figures de Michel-Ange, de Quesnoi, et d'autres grands artistes modernes, j'apperçus bientôt une différence considérable entre les physionomies de ces figures et les nôtres, sans pouvoir néanmoins me rendre compte, faute d'instruction, d'où pouvoit provenir cette différence si visible et si remarquable. Cependant je ne laissai pas de m'appercevoir que cette coupe du visage étoit infiniment préférable à celle des têtes exécutées par les artistes des Pays-Bas.

D'après les conseils de tous ceux qui ont écrit sur le dessin, j'avois commencé par apprendre à me servir de l'ovale et des triangles; cependant dans toutes les occasions, soit que je dessinasse d'après le plâtre, d'après des tableaux, ou d'après la nature, je trouvai une certaine difficulté à mettre de l'ensemble dans mes têtes ; et le secours des divisions ne m'avoit pas été non plus de grande utilité.

A l'âge de seize ans, je commençai à peindre à l'huile, le plus communément d'après des artistes hollandois de notre tems; mais, pénétré des beautés sublimes de l'antique, je pris peu de goût à leurs ouvrages. Parvenu à dix-huit ans, mon maître, M. Charles de Moor, le jeune, à qui je dois tous les progrès que j'ai faits dans la peinture, me donna à copier un beau tableau de Van den Tempel, dans lequel il y avoit un Nègre, dont la représentation ne me fit rien moins que plaisir. Il avoit, à la vérité, la peau noire; mais cette peau couvroit un corps de charpente européenne. Je ne pus parvenir à le rendre à mon gré; et ne recevant point, à cet égard, une instruction satisfaisante, je fus obligé d'abandonner ce travail. Après avoir étudié attentivement les gravures du Guide, de Carl Marate, de Séb. Ricci et de Rubens, je trouvai qu'en représentant les Mages d'Orient, ils avoient, comme Van den Tempel, représenté des hommes noirs, et non pas des Nègres. Le célèbre graveur Corneille Visscher est le seul qui m'ait paru avoir suivi exactement la nature en voulant représenter un Nègre.

Avec l'âge j'acquis plus d'attention, et mon goût devint plus sûr. Il me sembla que je pouvois reconnoître, au premier coup-d'œil, ce qui étoit antique; et déterminer, par le style, le tems auquel les différens artistes avoient vécu. La plupart des gravures d'après les plus belles pierres gravées me déplurent, parce que je crus y appercevoir un goût gothique; comme on peut le voir par les représentations, d'ailleurs bien exécutées, des empereurs romains, publiées par Hub. Goltzius en 1645, de même que par celles de sa

Græciæ, ejusque Insul. et Asiæ min. Numism.; quoique dans quelques-unes on ait conservé, plus ou moins, le style grec. L'ignorance des dessinateurs et des graveurs leur a fait négliger le goût antique dans l'ouvrage de J. Tristan, *Comment. Hist.*, *contenant en abrégé les vies, éloges, etc., des empereurs etc., jusques à Pertinax*. On peut dire la même chose de L. Beger, de Bonanus, etc. Mais il est impossible de ne pas être révolté des *Numismatæ* dans le *Thesaurus Græc. antiq.* de Gronovius ; dans celles de Sicile, de Naples, etc., de Grævius et de Burmann.

Dans les ouvrages de Montfaucon, de J. Spon, etc., les dessins des gravures de quelques artistes sont fort défectueux; ce qui n'a pu frapper les éditeurs de ces livres, qui ne songeoient qu'à la partie historique, et qui n'avoient pas le moindre sentiment de la beauté sublime de l'antique, à laquelle le baron de Stosch a prêté une grande attention, quoique Bernard Picart en ait encore gâté la plus grande partie par son mauvais goût. Le comte de Caylus, quoiqu'il fut fort bon dessinateur, pêche néanmoins de même dans cet article. Barbault a quelquefois supérieurement bien réussi.

Après avoir conçu le plan de cette dissertation en 1768, il me tomba entre les mains l'excellent ouvrage de Winkelmann, intitulé : *Réflexions sur l'Imitation des artistes grecs dans la peinture et la sculpture* (1), et quelque tems après, j'eus occasion de lire son *Trattato preliminare dell arte dell disegno degli antichi*

(1) *Gedanken über die Nachahmung der griechischen werke in der Mahlerey und Bildhauerkunst*. J'ai donné une traduction de ce morceau dans un *Recueil de pièces de Winkelmann sur les arts ;* et il formera la quatrième pièce du vol. VI, de mon édition des *OEuvres complettes de Winkelmann*, en 7 *vol. in-4°.*, dont je distribue le Prospectus. NOTE DU TRADUCTEUR.

popoli, qui est à la tête de ses *Monumenti antichi inediti*. J'ai étudié ensuite avec autant de plaisir que de fruit tous les ouvrages de cet admirable écrivain. Il a, comme on sait, séduit beaucoup de monde par ce qu'il appelle *Beau idéal;* mais ce *Beau idéal* est véritablement fondé sur les règles de l'optique, ainsi que je le démontrerai par la suite, quand je traiterai de la beauté des formes. L'excellent traité de Tenkate, *sur le Beau idéal*, est digne d'être lu; cependant il ne nous instruit pas du véritable caractère de la beauté; il suit Lomazzo, se perd avec lui dans les règles de l'harmonie dans la musique, qui ne peuvent être appliquées à la peinture, parce que la beauté dans ce dernier art ne dépend nullement de certaines proportions déterminées, mais de quelques circonstances particulières.

La *Lettre sur la Sculpture*, de mon savant ami Hemsterhuis, nous instruit de l'effet de la beauté sur notre ame; mais elle ne nous apprend rien des règles qu'il faut suivre pour la produire dans la forme des objets.

Les œuvres de Natter, de Mariette, et la *Description du cabinet de M. d'Orléans*, ont été les livres que j'ai consulté ensuite; j'y ai par-tout trouvé la même manière de voir, la même routine, le même défaut de goût et de sentiment, que les auteurs de ces productions auroient pu cependant acquérir en ayant ces admirables collections sous les yeux. Winkelmann lui-même pêche dans l'exécution; tant il est difficile de parvenir à imiter le sublime des ouvrages des anciens, lorsqu'on n'a pas étudié profondément ce qui en constitue la nature et l'essence.

Albert Durer, habile homme sans doute, et qui doit paroître bien plus grand encore lorsqu'on considère le tems auquel il a vécu, a jeté les germes qui ont produit le mauvais goût, lequel a, dans

dans la suite, corrompu toute l'Europe, sans même en excepter l'Italie ; et qui, il faut le dire, le corrompt encore aujourd'hui, comme on peut le voir par Lomazzo, qui a suivi en tout ses traces, excepté pour la partie de l'harmonie musicale, dont ce dernier est l'inventeur. Outre Albert Durer, il avoit sans doute lu aussi Pomponius Gauricus, *De Sculptura*, et le Dolce, *Dialogo della Pittura.* Frappé de cécité à l'âge de trente ans, il fut obligé d'avoir recours à sa plume pour vivre; et c'est à ce malheur que nous devons ses ouvrages littéraires sur son art, qui tous, pour ainsi dire, roulent sur les mêmes objets. Voici la manière exacte et claire avec laquelle il détermine le Beau dans son *Trattato della Pittura*, 1584, *p.* 196. *Il Bello, per cosi dire, non è bello, che per la sola sua bellezza.* « Le Beau n'est, pour ainsi dire, beau que par sa propre beauté ». Quelle absurdité !

Je dois revenir sur mes pas, pour observer que, dans ma jeunesse même, je goûtois plus de plaisir à considérer les belles gravures d'après Raphaël, le Poussin, le Titien et Pietre Testa, qu'à voir les meilleurs tableaux de Rubens et de Van Dyk, dans lesquels les divisions proportionnelles d'Albert Durer, et les défauts de l'ovale se remarquent de la manière la plus révoltante ; surtout dans le tableau, d'ailleurs si admirable, de la Vierge avec l'Enfant, qu'on voit dans la célèbre galerie de Dusseldorp, *N°.* 61 *des Planches*, ou *page* 66, *in*-8°.

C'est en copiant souvent en argile les meilleures têtes des statues antiques, que j'appris, de bonne heure, à m'appercevoir qu'Albert Durer, en considérant les objets avec les deux yeux à-la-fois, leur avoit donné trop de largeur ; et que le peintre qui veut produire de belles choses, doit non-seulement beaucoup dessiner, mais aussi beaucoup modeler, pour se former une idée parfaite des véritables formes des objets, de quelque espèce qu'ils puissent être. La connoissance de l'art de voir les objets est de même nécessaire, ainsi que je pense l'avoir prouvé dans le discours sur l'œil et sur la vision, que je prononçai lorsque je fus reçu médecin en 1746.

Par la suite, je prouverai, dans une dissertation particulière sur la beauté des formes, que cette beauté résulte uniquement de ce qu'on sait remédier aux défauts de notre manière ordinaire de voir, et de la réfraction des rayons visuels. Pour bien réussir, il faut suivre l'exemple admirable de Lysippe (1), et rendre les têtes plus petites, et les corps plus sveltes et moins charnus, pour faire paroître les figures plus longues; et il ne faut pas représenter les hommes tels qu'ils sont, mais tels que nous les concevons dans notre imagination.

Pendant que je démontrois publiquement, comme professeur d'anatomie de la ville d'Amsterdam, la construction générale du corps humain, et que je me servois pour cela d'un grand nombre de cadavres, je m'apperçus, par la comparaison des corps de sujets de différens âges, que l'ovale de la tête n'est pas conformé de manière à pouvoir déterminer avec quelque certitude les traits de la physionomie. Pour faire mes observations, je partageai exactement par le milieu plusieurs têtes, tant d'hommes que de quadrupèdes, et je m'imaginai appercevoir distinctement que la cavité destinée à contenir le cerveau étoit bien, en général, d'une conformation régulière; mais que l'emplacement des mâchoires supérieure et inférieure étoit la cause naturelle de l'étonnante variété qu'on remarque dans les physionomies. J'ai poussé plus loin cette

(1) Pline, liv. XXXIV, ch. 8, sect. 19, *Capita minora faciendo, quam antiqui : corpora graciliora, sicczioraque, per quæ proceritas signorum major videretur ---. Ab illis factos quales essent homines; a se quales viderentur esse.*

observation, en descendant graduellement des quadrupèdes jusqu'aux poissons, pour donner une dissertation particulière sur cet objet.

Ces remarques me conduisirent à appercevoir la différence réelle qui se manifeste dans la physionomie de l'homme, depuis son enfance jusqu'à l'âge de la plus grande vieillesse. Je ne pus cependant concevoir comment les anciens Grecs étoient parvenus à la beauté particulière et sublime qu'ils ont su donner à leurs figures; tandis que je ne trouvois parmi les ouvrages modernes aucune tête dont la forme pût y être comparée le moins du monde. Par les copies que j'en ai vues, je me suis néanmoins apperçu que la ligne de leurs têtes étoit la même que celle des nôtres, comme on peut s'en convaincre en comparant la *Figure* 5 de la *Planche IX*, laquelle représente une copie du César Auguste gravé par Dioscoride, avec la *Figure* 1 de la *Planche II*, dont elle ne diffère point.

Ayant eu l'occasion de voir des individus de plusieurs nations, je me figurai d'appercevoir une différence essentielle, non-seulement dans la saillie de la mâchoire supérieure, mais aussi dans la largeur des visages et dans la quadrature de la mâchoire inférieure; observation qui a été confirmée par l'examen d'un grand nombre de têtes décharnées de différentes nations que j'ai été à même de rassembler, ou dont j'ai fait des dessins exacts. Je possède, dans mon cabinet, outre des têtes d'individus de ma patrie et des pays voisins, celles d'un jeune Nègre d'Angola, d'un sujet âgé de la même contrée, d'une Hottentote, d'un jeune homme de l'île de Madagascar, d'un Mogol, d'un Chinois, d'un habitant de l'île de Célèbe, et d'un Calmuque; par conséquent j'en ai de huit peuples de climats fort différens.

En 1786, j'ai dessiné à Oxford la boîte osseuse d'un Otahitien;

apportée par le capitaine King. Jusqu'à présent, je n'ai pas pu me procurer encore la tête d'un véritable Américain, ni même celle d'un Anglo-Américain, qui doit cependant offrir quelque chose de particulier, ainsi que me l'a fait remarquer le célèbre peintre West, qui est fort en état d'en juger, étant né en Pensylvanie. La tête de cette espèce d'hommes est longue et étroite; l'orbite se trouve proche de l'œil; de manière qu'ils n'ont pas la paupière supérieure aussi grande que la plupart des peuples de l'Europe; ce qui donne tant de charme au visage.

En plaçant à côté des têtes du Nègre et du Calmuque celles de l'Européen et du Singe, j'apperçus qu'une ligne tirée du front jusqu'à la lèvre supérieure, indiquoit une différence dans la physionomie de ces peuples, et faisoit voir une analogie marquée entre la tête du Nègre et celle du Singe. Après avoir fait le dessin de quelques-unes de ces têtes sur une ligne horizontale, j'y ajoutai les lignes faciales des visages, avec leurs différens angles; et aussitôt que je faisois incliner la ligne faciale en avant, j'obtenois une tête qui tenoit de l'antique; mais quand je donnois à cette ligne une pente en arrière, je produisois une physionomie de Nègre, et définitivement le profil d'un Singe, d'un Chien, d'une Bécasse, à proportion que je faisois incliner plus ou moins cette même ligne en arrière. Voilà les observations qui ont donné lieu à cet ouvrage.

Mon séjour dans la ville d'Amsterdam me fournit les moyens de rassembler des têtes de toutes les espèces, depuis celle de l'avorton jusqu'à celle de l'homme du plus grand âge possible. La comparaison de toutes ces têtes fit naître chez moi le désir de suivre le changement naturel qui se fait remarquer par l'accroissement des parties dans le jeune âge, et par leur dépérissement dans la vieillesse, et de connoître le moyen le plus sûr de représenter les différens âges de l'homme. Ce fut là le second pas que je fis dans cette carrière. J'y joignis un examen plus exact de la ligne que les anciens artistes ont employée dans leurs productions. Enfin, ayant fait de nouvelles recherches sur l'utilité de l'ovale et des triangles, comme facilitant le dessin des têtes, je trouvai, par l'examen et par la comparaison des têtes décharnées avec les mâchoires partagées en deux, une nouvelle manière de dessiner avec plus d'exactitude toutes les têtes d'hommes et de quadrupèdes.

Comme je ne rencontrai que rarement, ou, pour mieux dire, jamais de véritables amateurs du dessin, et sur-tout des recherches dont il est question ici, je négligeai de continuer mes observations jusqu'à l'année 1767, que me trouvant, avec mon ami, M. F. Van Hemsterhuis, chez M. de Bentink, à la Haye, j'y fis remarquer la différence que présentoit le travail des Grecs et des Romains sur les pierres gravées et les camées qu'on nous faisoit voir. On me demanda, à cette occasion, comment j'avois acquis cette connoissance? Je satisfis à cette question, en citant les principales recherches que j'avois faites. Sur quoi je fus invité à mettre par écrit mes idées sur ce sujet, afin qu'on pût en tirer quelque fruit.

M'étant rendu à ma maison de campagne en Frise, pour me délasser de mes travaux académiques, j'entrepris le pénible ouvrage qu'on m'avoit imposé. Je découvris bientôt des difficultés sans nombre : je fus non-seulement obligé de faire les dessins de différentes espèces de têtes; mais il me fallut trouver aussi le moyen de rendre ces dessins de la plus grande correction; ce que j'eus le bonheur d'exécuter. Je dûs réduire ensuite ces dessins sur une même échelle. Je me vis de même forcé d'étudier les plus belles têtes antiques et les gravures des meilleurs maîtres, pour les comparer entr'elles; ainsi que de lire les écrivains anciens et modernes sur l'histoire naturelle de l'homme et sur l'art du dessin, afin de pouvoir me pénétrer de leurs différentes idées.

Comme ce travail s'étendoit à mesure que je m'en occupois, il devint d'une utilité plus générale. Je me flattois de satisfaire par là, non-seulement les amateurs des chefs-d'œuvre de l'antiquité, mais de me rendre, en même-tems, utile à ceux qui s'occupent de l'histoire naturelle, et particulièrement aux jeunes peintres et aux jeunes statuaires. Le plan de cette dissertation se trouva tracé à la fin du mois d'Août de l'année 1768.

Flatté de mes découvertes, ainsi que cela arrive assez généralement aux écrivains, je communiquai mes idées à différens amateurs de la peinture. On pensa qu'il seroit utile de me faire prononcer sur cet objet un discours public dans la salle de l'académie de dessin d'Amsterdam. Je me rendis à la demande de MM. les directeurs de cette institution, et j'exposai mes idées le premier et le 2 d'Août 1770. MM. les directeurs me témoignèrent à ce sujet leur satisfaction, en me donnant une médaille d'or.

Seize ans se sont passés sans que mes occupations m'ayent permis de donner quelque attention à cette dissertation; et la difficulté de trouver un habile et savant graveur m'empêcha ensuite de la publier telle que je la présente aujourd'hui, avec les gravures du célèbre M. Vinkeles, dont le burin est si avantageusement connu par les personnes de goût.

PREMIERE PARTIE.

CHAPITRE PREMIER.

DE la Différence naturelle qu'on remarque dans les traits de la physionomie des principaux peuples connus.

§. I.

LORSQUE, dans une grande ville de commerce, telle qu'Amsterdam, il se trouve rassemblé, dans quelque place publique, des hommes de presque toutes les parties du monde, il est facile de distinguer, du premier coup-d'œil, non-seulement les Nègres des Blancs, mais encore, parmi ces derniers, les Juifs des Chrétiens, les Espagnols des François, les François des Allemands, et ces derniers des Anglois. Il est même possible de reconnoître les habitans de la partie méridionale de la France de ceux de la partie septentrionale de ce même pays, lorsqu'ils ne se sont pas trop mêlés par des mariages réciproques. L'Écossois diffère de l'Anglois, et celui-ci, à son tour, a une figure qui n'est pas la même que celle de l'Irlandois. Les habitans des villes de Hollande n'ont plus leur ancienne physionomie nationale. Ceux des îles ont conservé leurs traits caractéristiques. En Frise, les citoyens de Hindelopen, de Molkwerum et de Koudum ont encore le visage étroit et la mâchoire inférieure longue; tandis que ceux du Bildt se font remarquer, entre leurs plus proches voisins, par une figure courte et ramassée.

Le peuple de chaque pays offre par conséquent quelque chose

de particulier, qui se transmet de génération en génération, jusqu'à ce que, par le mélange de plusieurs nations, ces traits caractéristiques se trouvent altérés ou entièrement détruits. Les guerres, les migrations, le commerce, la navigation et les naufrages ont tellement mêlé les habitans de la terre, que ce n'est plus que dans l'intérieur de quelques contrées inaccessibles aux étrangers qu'on trouve des hommes qui possèdent encore leur figure originale et primitive, qui les distingue d'une manière visible des nations limitrophes. Or, comme les différentes contrées du globe tiennent les unes aux autres, et que les îles ne sont pas fort éloignées du continent, on n'apperçoit, en général, entre les divers peuples qu'une différence graduelle, et qui ne devient remarquable qu'à de très-grandes distances.

§. II.

L'on partage assez communément les peuples de la même manière qu'on divise les grandes parties de la terre; savoir, en Européens, Africains, Asiatiques et Américains. Les habitans de ces quatre principales parties du globe, auxquels on peut joindre ceux des îles du Sud, de la Nouvelle-Hollande et de la Nouvelle-Zélande, qui composent, pour ainsi dire, une cinquième division de la terre, n'ont jamais encore pu être représentés par des traits caractéristiques et constans, savoir, par leur propre configuration, sans y joindre quelques productions naturelles du pays, ou bien quelques ornemens ou quelques usages particuliers à leur patrie. L'Asiatique se distingue de l'Européen par sa couleur et par son costume; l'Africain et l'Américain, qui ont à-peu-près la même couleur, se reconnoissent par le crocodile, l'éléphant, la nicotiane, le tatouage et les plumes.

Il est certain cependant que les habitans de la partie septentrionale

trionale de l'Europe, tels que les Lappons, ont la peau plus basanée que ceux de l'île de Java; que différens peuples de la Perse et du Mogol n'ont pas la peau plus brune que les Espagnols; et que les Caffres mêmes, quoiqu'ils se trouvent placés en Afrique, diffèrent néanmoins beaucoup des habitans d'Angola, de Nubie, etc.

Les Américains semblent, en partie, être venus du Nord de l'Asie; cela paroît du moins assez certain aujourd'hui par l'analogie qu'on remarque entre leur figure, leurs usages, leurs coutumes et leurs principes religieux. Cela se trouve également confirmé d'une manière indubitable, par ce que nous ont appris les fréquens voyages des Russes en Amérique par la Sibérie, le Kamschatka, Saint-André, etc., et ceux du capitaine Cook.

La belle carte de l'ouvrage de Cook, qui représente la partie Nord-Est de l'Asie et Nord-Ouest de l'Amérique, avec les îles qui gissent entre ces deux parties du monde, nous fait voir clairement la possibilité de cette analogie; de même que celle des courses qu'ont faites en Amérique, par ce chemin, les Lappons, les Samoïedes, les Sibériens, les Kamschatkales et les Sauvages de l'Asie.

§. III.

Quiconque examinera sans prévention l'espèce humaine, telle qu'elle est aujourd'hui dispersée sur toute la surface de la terre, ne pourra donc douter qu'elle ne doive son origine qu'à un seul homme et une seule femme, qui n'ont paru que plusieurs siècles après la création du monde, lorsqu'il eut subi mille révolutions. C'est par ce couple que toutes les parties habitables de la terre ont été peuplées; sans que la différence de la couleur puisse entrer pour rien en considération, parce que cette couleur s'altère insensiblement, tandis que la peau de tous les hommes conserve constamment sa même contexture. J'ai déja fait voir, dans une *Dissertation* particulière *sur la couleur des Nègres*, qu'il est indifférent qu'Adam et Ève ayent été blancs ou noirs, puisque le changement du blanc au noir est aussi grand que celui du noir au blanc.

Je puis démontrer de même, par plusieurs morceaux de peau de Nègres, d'Italiens, et des plus blanches femmes de Hollande, que la seconde peau est chez tous plus ou moins noire ou basanée, de sorte qu'on peut également adopter l'une ou l'autre opinion; d'autant plus, que cette seconde peau, à laquelle Malphigi a donné le nom de *membrane réticulaire*, devient quelquefois chez nos femmes enceintes aussi noire qu'elle l'est chez les plus noires Négresses d'Angola. J'en ai vu un exemple remarquable au printems de l'année 1768, à toute la peau du ventre et à celle du sein d'une femme, d'ailleurs fort blanche, morte immédiatement après avoir accouché; je conserve encore quelques morceaux de cette peau dans mon cabinet. Toute l'académie de Groningue a été témoin, dans le tems, de ce singulier phénomène. Au reste, ce n'est pas là un prodige : le célèbre Le Cat en cite plusieurs exemples (1). Cette couleur obscure de la peau semble néanmoins disparoître par l'action de l'esprit de vin; ce qui a de même lieu avec la peau des Nègres, ainsi qu'on peut le voir par celle que je conserve dans mon cabinet.

Il paroît cependant certain, par ce que nous avons vu et par ce que nous apprend Le Cat, que la peau peut devenir de blanche noire et de nouveau de noire blanche. Le soleil a de même une grande influence sur la couleur de notre peau. La grossesse des femmes, les Nègres blancs, et ceux qui, par maladie, perdent leur

---

(1) *Traité de la couleur de la peau humaine, édit. d'Amsterdam, art. IV, p.* 130 *et suiv.*

noirceur, nous prouvent qu'il y a quelque autre chose qui agit sur la membrane réticulaire. Et pourquoi pas ? Notre sang ne jette-t-il pas des particules noires dans les yeux, tandis que leurs tuniques conservent leur blancheur ? La noirceur des parties secrettes des deux sexes, même des individus les plus blancs, nous prouve évidemment que notre membrane réticulaire peut recevoir sa couleur par le sang seul ; c'est-à-dire, que la superficie peut en devenir si compacte qu'elle ne réfléchisse plus les rayons de lumière, et, par cela même, nous paroisse noire. On sait que les objets n'ont par eux-mêmes aucune espèce de couleur ; ce sont les rayons de lumière qui éprouvent différentes modes de réfractions, et qui, étant de nouveau réfléchies vers nous, présentent à notre esprit l'idée de la couleur.

§. IV.

Comme nous ignorons absolument à quelle époque, plus ou moins éloignée de la création du monde, l'homme a été formé et dispersé sur la terre, le plus sage parti que nous puissions prendre, c'est de considérer la variété de son espèce d'après ce que nous voyons aujourd'hui. Il seroit inutile de nous occuper ici à approfondir cette matière, que le grand peintre de la nature a si supérieurement traitée dans le *Tom. III de l'Hist. Nat.*, et particulièrement dans son *Traité des variétés dans l'espèce humaine*, *p.* 371 *et suiv.*

Nous en prendrons quelques-uns des principaux passages, pour nous servir d'appui, et nous choisirons pour exemple les Calmuques.

Le visage des Calmuques, comparé avec le nôtre, mais sur-tout avec celui des plus belles têtes antiques, est ce que la nature peut offrir de plus laid. Le visage de ce peuple est extrêmement plat, comme il paroît par la *Figure 4, Planche I*, et fort large d'une pomette de la joue à l'autre, comme on peut le voir par la *Figure* 3 de la *Planche III*. Le nez est tellement applati qu'on n'y voit que deux trous au lieu de narines, ainsi que M. de Buffon l'a remarqué également (1).

Les yeux sont fort près l'un de l'autre, les lèvres sont grosses, et la supérieure est longue. Ils ressemblent beaucoup aux Siamois, décrits par La Loubère : leur visage large est élevé par le haut des joues; le front se rétrécit tout-à-coup, et se termine en pointe de même que le menton; de sorte que leur physionomie tient moins de l'ovale que du losange, comme M. de Buffon l'a observé de même (2).

Je suis fâché de ne pas posséder une véritable mâchoire inférieure d'un individu de ce peuple, afin de pouvoir la comparer avec celle des Chinois et des autres nations de l'Asie.

Suivant M. de Buffon, les Chinois ont le visage large et rond, les yeux petits, les sourcils grands. J'en ai vu un à Londres en 1785, chez qui la petitesse du nez ne m'a pas frappé. La tête du Chinois que j'ai dans mon cabinet depuis l'année 1774, a les orbites des yeux fort proches l'un de l'autre; ils sont tirés obliquement, et n'ont guère d'élévation; les os des joues, quoique peu larges, sont fort saillans; la mâchoire supérieure, depuis le bas du nez jusques aux dents, a, comme chez l'Otahitien, peu de cavité; ce qui est le contraire de ce qu'on voit chez les Calmuques. Les Chinois ne peuvent par conséquent avoir la lèvre supérieure grosse.

Le plus singulier de tout, et que j'ai remarqué également aux têtes de l'habitant de Célèbe, du Chinois et de l'Otahitien, c'est un triangle rectangle §, Ω, *, *Planche I, Figure* 4, que j'ai de

---

(1) *Des variétés dans l'espèce humaine, pag.* 381.

(2) *Ibid, page* 393.

même trouvé dans toutes les femmes nées en Asie de parens Hollandois ou Anglois, et qui forme ces joues larges qu'on ne rencontre point chez les autres nations. Je suis surpris de voir, dans le *Tome XIV, page* 377, de l'ouvrage de M. de Buffon, que, quoiqu'il eut alors sous les yeux, dans les *numéros* 1339 *et* 1340 du cabinet du roi, deux têtes décharnées de Chinois, et une tête de Tartare dans le *n°.* 1341, il n'y ait pas remarqué quelque chose de particulier qui servit à distinguer ces peuples de la nation françoise. Je l'attribue à un défaut de cette justesse de l'œil qui ne peut être acquise que par l'exercice du dessin.

Toute la forme de la tête de l'Otahitien ressemble tant à celle du Chinois, que j'ose présumer que les habitans d'Otahiti et ceux de l'île des Amis, malgré leur grand éloignement de la Chine, ne sont que des colonies de ce pays. La boîte osseuse de l'insulaire des Moluques de ma collection n'a pas, à la vérité, l'angle de la mâchoire inférieure aussi grand, mais la mâchoire supérieure saillit, au contraire, fort en-déhors, comme chez les Nègres et chez les Calmuques.

§. V.

Je conviens volontiers avec M. de Buffon, que les habitans du Nord, du Mogol et de la Perse, ainsi que les Arméniens, les Turcs, les Géorgiens, les Mingreliens, les Circassiens et tous les peuples de l'Europe, sont non-seulement les plus blancs, mais aussi les plus beaux et les mieux proportionnés du monde connu.

J'ai vu cependant des habitans de l'Arménie dont la physionomie n'avoit rien de gracieux. Les hommes des provinces méridionales de la France, mais sur-tout les femmes, ont encore cette rondeur dans le haut des joues, et ce méplat dans le visage, si remarquable dans l'Apollon Pythien et dans la Vénus de Médicis. Ceux des parties septentrionales ont, comme les Écossois, et un grand nombre de Hollandois, la tête étroite et le visage pointu; c'est-à-dire, que les mâchoires, *Planche II*, *Fig.* 1, Ω, fuient en arrière, et ne saillissent pas en avant comme chez le Calmuque, *Planche I*, *Fig.* 4, Ω. On ne peut guère s'appercevoir de cette différence, à moins qu'on ne modele ces parties.

Mais il n'y a point de nation qui offre des particularités aussi distinctives que les Juifs. Les hommes, les femmes, et même les enfans nouveaux nés portent tous des marques de leur origine. Ayant fait connoître au célèbre peintre West, à Londres, la difficulté que je trouvois à saisir le caractère national de ce peuple; il me dit que, suivant lui, il falloit le chercher dans la ligne courbe du nez. Je conviens que le nez y fait beaucoup, et que la forme de celui des Juifs a une grande analogie avec celle du nez des habitans du Mogol, peuple dont j'ai vu plusieurs individus à Londres, et dont j'ai dans mon cabinet une tête moulée sur la nature. Mais malgré cela, je ne suis pas satisfait sur cet article. C'est par cette raison que J. de Wit, artiste d'ailleurs fort habile, a bien peint, dans une salle du conseil de la maison de ville d'Amsterdam, plusieurs hommes avec de longues barbes, sans qu'il ait néanmoins représenté de véritables Israélites.

§. VI.

D'après tous ces caractères distinctifs, il me paroît que, pour éviter le trop grand nombre de planches, nous pouvons prendre le Calmuque pour modèle des peuples de toute l'Asie, de la Sibérie, jusqu'à la Nouvelle-Zélande, et pour ceux de l'Amérique septentrionale; parce que ceux-ci sont probablement une colonie venue de la partie septentrionale de l'Asie. Comme on ne connoît point la souche des Mexicains et des Patagons, qui, n'étant pas aborigènes, descendent peut-être de quelque peuple européen, nous n'en pouvons rien dire avec certitude.

La tête de l'Européen pourra servir de modèle pour les peuples de toute l'Europe, de la Turquie, de la Perse et de la plus grande partie de l'Arabie, jusqu'à l'Indostan.

Nous pouvons prendre la tête du Nègre d'Angola pour modèle des peuples de toute l'Afrique, des Hottentots, (qui véritablement ne diffèrent point des Nègres) et même des Caffres et des habitans de l'île de Madagascar. Il semble qu'on retrouve dans les insulaires des Moluques les caractères de l'Asiatique et de l'Africain.

J'y ai joint la tête du Cercopithèque ou Singe à queue, et du petit Orang-Outang, pour faire mieux remarquer la valeur de la ligne faciale; c'est-à-dire, la ligne que décrit la physionomie de l'homme et des animaux.

CHAPITRE II.

Des causes qui produisent les variétés des formes qu'offrent, suivant les auteurs anciens et modernes, les têtes et les physionomies des différens peuples de la terre.

§. I.

Tous les écrivains de l'antiquité, Hérodote, Hippocrate, Suidas, Aristote, Pline, Pomponius Mela, etc.; et, à leur exemple, les principaux parmi les modernes, tels que Cardan, Vesale, Schenckius ; et, après ceux-ci, Haller et Buffon, appuyés sur le témoignage d'un grand nombre de voyageurs, assurent tous unanimement que la différence qui subsiste entre divers peuples, dépend non-seulement du climat qu'ils habitent, mais aussi de l'art qu'ils emploient ; de sorte même que ces formes artificielles deviennent à la fin naturelles aux individus. J'ai démontré, il y a quelques années, exactement le contraire dans ma *Dissertation sur l'Éducation des Enfans.*

Quelque minutieuse que soit cette application, il n'en paroîtra pas moins certain à quiconque veut réfléchir, que ce n'est pas le nez qui est écrasé chez les Nègres ; mais que leurs joues saillant beaucoup plus en avant que chez nous, ils ne peuvent avoir un plus grand nez. Si cette forme dépend de l'art, d'où vient donc que leurs joues sont si larges et leurs lèvres si grosses.

Je n'ai osé avancer un sentiment contraire à celui qui étoit soutenu par des gens d'esprit, qu'après qu'on m'eut donné, il y a plus de trente ans, l'avorton d'une Négresse, dans lequel, quoiqu'il eut à peine six mois, tous les traits étoient si bien formés, que ceux qui le virent ne purent manquer de le prendre pour un Négrillon, quoique la peau ne fut pas encore noire.

En 1758, je disséquai publiquement, au collége de chirurgie à Amsterdam, un Négrillon âgé d'environ onze ans, dont je conserve encore la boîte osseuse, par laquelle je prouvai alors toutes les variétés que produit la nature ; c'est-à-dire, le sol, le climat et la nourriture, sans qu'il soit besoin pour cela que la main de l'homme y contribue pour quelque chose.

Qu'on ne pense pas cependant que je croye qu'il soit impossible d'obtenir quelques variétés par l'art. Me trouvant, en 1785, à Londres,

Londres, M. Cline, premier chirurgien de l'hôpital de Saint Thomas, me permit de dessiner la boîte osseuse d'un homme âgé de Saint-Vincent, une des îles Caraïbes, dont l'os frontal se trouve totalement applati par la compression qu'on lui avoit fait subir.

M. Hunauld a décrit et fait graver une pareille boîte osseuse dans les *Mémoires de l'Académie des Sciences*, 1740, *in*-8°., *p*. 529, *Planche XVIII, Figure* 1. Winslow parle aussi d'une semblable boîte osseuse, qu'on doit avoir apportée de l'île des Chiens, sur la côte occidentale de l'Amérique. Il se trompe beaucoup sur le gisement de ces îles, qui se trouve mieux déterminé par M. Hubner, dans sa *Géographie, page* 572, qui les place proche du tropique du capricorne, vis-à-vis le Pérou.

Dans le même tems que j'ai peint à Oxford la tête décharnée d'un Otahitien, le 28 Octobre 1785, j'ai dessiné une semblable boîte osseuse d'un jeune sujet de l'île de Saint-George ou Nootka-Sound, également apportée par le capitaine King, et qui se conservent, l'une et l'autre, dans le cabinet d'anatomie du collége du Christ (1).

Si c'est à quelque usage particulier de ces nations qu'il faut attribuer cette variété, on doit s'étonner de ce que cette étrange coutume ait lieu dans trois pays situés à une si grande distance l'un de l'autre; d'autant plus que ces peuples ne semblent point perdre par-là leurs facultés intellectuelles; à moins qu'il n'y en ait quelques exemples fort rares; ce qui ne paroît pas invraisemblable, puisque le capitaine Cook dit seulement, dans son dernier voyage,

(1) Forster remarque, dans ses *Observations faites pendant le second voyage du capitaine Cook*, que les habitans de Mallicolo ont le front fort court et quelquefois extrêmement comprimé, avec les os des joues proéminens; sans oser dire si cela vient de l'art, ou si c'est la nature seule qui produit ce phénomène, après une compression préalable.

que les habitans de Nootka ont le front applati (*the forehead rather low*), sans rien ajouter de plus. M. Hughes, qui a donné une description des insulaires de la Barbade, située à une petite distance de Saint-Vincent, ne fait aucune mention de cet usage, et parle avec éloge de la vivacité d'esprit des habitans des îles Caraïbes. Mais retournons à notre sujet.

§. II.

HIPPOCRATE (1) paroît vouloir attribuer la forme de la tête aux sages-femmes et aux nourrices ; il ajoute que, comme on tenoit les têtes longues pour les plus belles, on les applatissoit par compression dans les enfans nouveaux nés, de manière qu'elles prenoient à la fin naturellement cette forme, que plusieurs peuples regardoient comme une beauté.

Vesale (2) confirme cette opinion, de même que celle que les sages-femmes étoient gagnées par les mères pour donner une forme ronde à la tête de leurs enfans. Il pense que les Allemands n'avoient la tête large et plate par derrière, que parce que les enfans étoient constamment liés sur le dos dans leurs berceaux ; qu'au contraire, la tête des Hollandois est longue, parce que leurs mères les couchent toujours sur le côté.

Ces grands médecins n'ont pas pris garde que l'ouverture du bassin des femmes, sur-tout de Hollande, est souvent si étroit que les têtes des enfans ne peuvent y trouver passage, qu'après que, par les fortes douleurs de la mère, elles ont été comprimées, et rendues ainsi plus étroites, c'est-à-dire, plus longues.

Il n'est donc pas étonnant que certains philosophes ayent pré-

(1) *De Aere et Locis*, *sect.* 3, *edit. Foësii.*, *pag.* 289. *De macrocephalis.*
(2) *F. C. H.*, *lib.* 1, *cap.* 5.

tendu que l'art concouroit beaucoup à la forme de la tête; et que Scaliger (1) assure positivement que les Génois ont appris des Maures, leurs maîtres, à comprimer la tête des enfans pendant qu'ils sont endormis, et que c'est par cette cause qu'ils naissent avec une tête et une ame de Thersite (2).

Cardan dit positivement que dans la province de *Portus Vetus*, aux Indes orientales, les hommes n'ont point de col, mais une tête carrée, qu'ils doivent à l'art et non à la nature; que cependant la nature y a pris la place de l'art, qui consistoit à donner cette forme aux têtes en les serrant entre deux planches (3).

§. III.

M. de Buffon nous apprend, d'après l'autorité de Raleigh (4), que dans la Guiane il est un peuple qui a le col si court, et dont les épaules sont si hautes, que leurs yeux paroissent placés dans leurs épaules et leur bouche dans la poitrine. Aussi cet historien de la nature compare-t-il, avec raison, cette espèce d'hommes aux Scythes et aux Acéphales des anciens. Il se pourroit que les anciens eussent pris, ainsi que quelques voyageurs modernes, les Singes et les Orangs-Outangs pour une race particulière de l'espèce humaine.

---

(1) *Comment. in Theophrasti, lib. V, pag.* 287. *De causis plantar.*

(2) *Thersite*, le plus difforme et le plus vil de tous les Grecs, fut tué par Achille, pour avoir osé calomnier ce héros. Homère a fait, dans le second livre de l'*Iliade*, une description de la figure hideuse de cet être abject, qui fit une telle impression sur l'esprit des anciens, qu'ils donnèrent le nom de Thersite à toute personne d'une conformation révoltante.

(3) *De varietate, lib. V, cap.* 43.

(4) *Variétés dans l'espèce humaine, p.* 505.

Pline (1), en parlant de l'Éthiopie, dit que les Blemmies n'avoient point du tout de tête, et que leurs yeux et leur bouche se trouvoient placés dans leur poitrine; tandis que d'autres, également sans tête, avoient les yeux dans les épaules.

C'est bien là ce qu'on appelle parler par hyperbole. Pline assure de même (2), d'après le dire d'Eudoxe, que dans quelques cantons de l'Inde, il y a des hommes avec des pieds d'une aune de long; tandis que les femmes les ont, au contraire, si petits, qu'on leur a donné le nom de *Struthopodes* ou *pieds de moineau.* Ensuite (3) il avance que les oreilles d'autres étoient d'un si énorme volume qu'ils pouvoient s'y cacher derrière.

Strabon rapporte, sur l'autorité d'Onésicrite (4), qu'on trouvoit dans l'Inde une nation dont les oreilles descendoient jusqu'aux talons; de sorte qu'ils pouvoient s'y coucher dessus. Il croit cependant que cela doit être regardé comme une fable. Pomponius Mela (5) dit de bonne foi que les Panotes avoient de si grandes oreilles qu'ils s'en enveloppoient entièrement le corps.

Solin (6) assure la même chose d'un peuple de l'Inde (les Panotes). Voyez Saumaise. *Plin. Exerc., pag.* 155, *col. I. D.*

Les oreilles des habitans de l'île de Pâques leur tombent, pour ainsi dire, sur les épaules (7).

---

(1) *Lib. V, cap.* 8, *pag.* 252.
(2) *Lib. VII, cap.* 2, *pag.* 373.
(3) *Lib. VII, cap.* 2, *pag.* 374.
(4) *Lib. V, pag.* 1038.
(5) *Lib. III, cap.* 6, *pag.* 270.
(6) *Cap. XIX, pag.* 28, *F.*
(7) Voyez *Planche XXVI et XXVII du Voyage de Cook dans l'hémisphère austral. Paris* 1778, *tom. II.*

§. IV.

M. de Buffon, qui parle pertinemment sur cet objet (1), attribue cette variété dans l'espèce humaine à trois différentes causes ; savoir, 1°. l'influence du climat, 2°. la nourriture, 3°. les mœurs et coutumes des différens peuples.

On ne peut former de doute sur la première de ces causes, relativement à la couleur de la peau, quoiqu'il soit d'ailleurs vrai que dans les climats les plus froids, tels que le Groenland et le Kamschatka, il y ait des hommes d'une peau presqu'aussi noire que celle des habitans de Madagascar.

Les climats les plus heureux produisent cependant les hommes les plus noirs ; à moins que ce ne soient des races croisées avec des individus de quelque autre contrée.

Les formes particulières des yeux, des joues, des mâchoires, et par conséquent du nez, peuvent également dépendre de la même cause. J'observerai seulement à cette occasion, qu'on ne doit pas trop s'en rapporter à la représentation de différens peuples dans les voyages de Cook ; le dessinateur ou peintre, M. Webben, y a mis, en général, trop de ce qu'on appelle manière ; comme on peut le voir par les femmes d'Otahiti (2). Cependant il paroît avoir bien observé la petitesse des paupières supérieures de celles de la Nouvelle-Hollande ou de la Terre de Diemen (3). On trouve la même physionomie et les mêmes petites paupières supérieures dans la femme d'Oonalaska que dans celle du Kamschatka ; particularité

(1) *Variétés dans l'espèce humaine, pag.* 147.
(2) *Planches XXIX, XXVIII et XXVII.*
(3) *Planches VI et VII.*

que le célèbre peintre West m'a fait remarquer dans tous les Anglois nés dans l'Amérique septentrionale.

Le dessinateur s'est, en général, appliqué à faire de belles têtes d'hommes et d'agréables têtes de femmes, comme on peut le voir par celles des jeunes femmes d'Otahiti; principalement *Planches XXIX, XXVIII et XXVII*, où elles ont toutes des physionomies à la françoise. D'un autre côté, on a fait des monstres des animaux, qui naturellement ne sont pas beaux, ainsi qu'il est facile de s'en convaincre en jetant les yeux sur la *Planche LII*.

§. V.

L'effet que la nourriture seule produit, même sur les animaux, se peut remarquer dans les chevaux, les bêtes à cornes et les moutons de notre propre pays. Des pacages plus ou moins gras changent la structure entière du corps et des cornes, ainsi que la qualité de la laine.

Mais par la nourriture il faut non-seulement entendre ce que nous mangeons et ce que nous buvons, mais aussi la qualité de l'air que nous respirons. Cependant il est impossible d'indiquer la manière dont cela s'opère, comment il arrive que la mâchoire supérieure des Nègres et les os des joues saillissent en avant, et pourquoi il se fait que les orbites des yeux des Chinois et des insulaires des Moluques se trouvent plus bas que les nôtres, et placés obliquement, etc.; ces variétés ne peuvent même se remarquer que par l'examen le plus attentif. Le climat et la nourriture opèrent sans doute de concert; ils ne peuvent pas néanmoins produire de race différente, mais seulement occasionner quelques variétés. La noirceur plus ou moins grande de la peau, ou sa parfaite blancheur, n'indiquent pas des espèces particulières, mais des différences accidentelles. Notre peau a la même contexture que celle des hommes de couleur ; nous sommes donc seulement moins noirs.

Les cheveux sont longs, droits ou bouclés, ou bien crépus ; ce qui dépend vraisemblablement le plus de la nourriture qu'on prend. Les habitans des pays de Munster et de Drenthe ont tous les cheveux plats ; mais ils commencent, en général, à les avoir frisés après qu'ils ont passé quelques années à Amsterdam.

§. VI.

Les mœurs et les usages ont certainement une grande influence sur la figure de notre corps. Une bonne éducation donne même une certaine élégance à l'homme, ainsi qu'il est facile de s'en convaincre chez les nations policées.

Les manières de s'asseoir, de se coucher, de marcher, et plusieurs autres circonstances de cette espèce, communiquent au corps un développement gracieux. Cela est si vrai, que le visage d'une personne qui a le corps de travers, le devient aussi ; c'est-à-dire, qu'il s'affaisse insensiblement par la pression du cerveau qui, dans ce cas, ne se trouve pas soutenu également ; d'où il résulte qu'un des orbites des yeux se trouve, avec le tems, plus bas que l'autre, ainsi que je suis en état de le prouver par l'exemple remarquable qu'offre une tête que j'ai dans mon cabinet.

Chez les boîteux, le genou se tourne entièrement en-dedans par le mouvement que lui imprime le fémur.

Chez les rachitiques et chez les bossus, toutes les clavicules deviennent droites et s'allongent.

Je ne parlerai point ici des suites terribles de l'usage des corps de baleine, par lesquels nos femmes nuisent si essentiellement à la santé et au développement des membres de leurs enfans.

Nous nous moquons des Chinois, qui estropient si terriblement les pieds de leurs femmes, tandis que nous sommes nous-mêmes dans l'erreur à cet égard, ainsi que je pense l'avoir prouvé dans ma *Dissertation sur la meilleure forme des souliers* (1). Nous allons plus loin que les Chinois, puisque nous rendons non - seulement les pieds de nos femmes, mais les nôtres même, peu propres à marcher.

Le ruban dont les femmes du peuple en Hollande se serrent la tête pour retenir leurs cheveux, occasionne un enfoncement à l'os frontal; de même que nos jarretières impriment un cercle profond au-dessous des genoux, comme cela a lieu aussi chez les peuples du Brésil, qui regardent ce défaut comme un ornement.

L'éducation, les exercices du corps et une vie réglée rendent l'homme plus beau de visage et de corps; par-là ses membres acquièrent une certaine grace, qui forme une différence si remarquable entre l'homme bien éduqué et le rustre, qu'on a de la peine à croire que la même espèce de créatures puisse offrir une pareille disparité par le seul effet de la manière de vivre.

§. VII.

Certaines maladies indigènes n'ont pas une moindre influence sur la structure générale de notre corps. Le rachitis occasionne différentes espèces de difformités. Cependant, selon Hippocrate, il paroît que, sous le plus heureux ciel de la terre, on éprouvoit les

(1) Nous donnons ce morceau à la fin du présent volume. *Note du Traducteur.*

mêmes

mêmes incommodités que dans les froides régions du Nord et du Sud ; sans cela il lui eût été impossible de parler si pertinemment de toutes les maladies qui en sont les suites.

§. VIII.

Les maladies qui occasionnent les différentes difformités du corps sont sans doute terribles ; mais il faut regarder comme plus cruel encore le goût qu'avoient les contemporains de Longin, et dont il parle dans son *Traité du Sublime*, §. 43, d'avoir des nains, qu'on renfermoit dans des boîtes, et qu'on enveloppoit tellement de bandelettes, qu'ils devenoient ridicules par leur difformité. Il trouve cette méthode si révoltante, qu'il n'a pas osé y ajouter foi. Suétone nous apprend néanmoins qu'on voyoit de pareils nains dans les maisons des gens riches. Tibère ne voulut point souffrir ces ridicules productions de la nature (*ludibria naturæ*); mais l'empereur Alexandre Sévère en amusoit le peuple de Rome. On trouve encore aujourd'hui de ces monstres à la cour des princes russes.

CHAPITRE III.

Réflexions physiques sur les variétés qu'on remarque dans le profil des Singes, des Orangs-Outangs, des Nègres et des autres Peuples, ainsi que des figures antiques.

§. I.

On sera sans doute surpris de voir que je place sur la *première Planche* deux têtes de Singes, ensuite celle d'un Nègre, et enfin celle d'un Calmuque. La singulière analogie qui subsiste entre la tête du Singe et celle du Nègre, particulièrement quand on considère cette analogie d'une manière superficielle, a porté quelques philosophes à cette idée extrême : s'il ne seroit pas possible qu'il y ait eu un mélange entre les hommes blancs et des Orangs-Outangs ou Pangos, auquel les Nègres devroient leur origine; ou bien si ces monstres n'auroient pas pu parvenir insensiblement par l'éducation à une certaine perfection, pour mériter, par la suite des tems, d'être placés au rang de l'espèce humaine.

Ce n'est pas ici le moment de faire voir l'absurdité d'une pareille assertion ; je prie le lecteur de consulter sur cela la *Dissertation* que j'ai publiée en 1782 *sur l'Orang-Outang*. Je remarquerai seulement, que les Singes, depuis ceux de la plus grande espèce jusqu'à ceux de la plus petite, sont de véritables quadrupèdes, nullement destinés à marcher dans une position verticale, et à qui la construction du gosier ne permet point d'avoir l'usage de la parole. Qu'en second lieu, ils ont beaucoup de rapport avec les Chiens, sur-tout par les parties de la génération; caractères par lesquels il paroît que la nature a voulu principalement distinguer les diverses espèces d'animaux.

Les yeux rapprochés l'un de l'autre, le petit nez épaté et la lèvre supérieure proéminente, forment, en grande partie, la ressemblance qu'il y a entre la tête du Calmuque et celle du Singe, et que les naturalistes de nos jours cherchent à augmenter encore par leurs planches supérieurement gravées et artistement enluminées; mais cette ressemblance s'évanouit bientôt, quand on examine d'un œil exercé et attentif toutes les parties du corps, et particulièrement celles de la tête ; ainsi qu'on pourra s'en convaincre par la comparaison du dessin de ces têtes que je donne dans la *Planche I.*

J'ai dessiné de profil toutes les têtes représentées sur les *Pl. I*,

II et IV. Pline, qui donne à ces têtes dessinées de profil le nom de *catagrapha* ou *imagines obliquas* (1), attribue l'honneur de leur invention au célèbre Cimon de Cléone. C'est de cette manière qu'on peut reconnoître avec le plus d'exactitude et de facilité ces différences ; sur-tout lorsqu'on place à côté des têtes les os qui en forment la charpente, et qui donnent aux têtes leur véritable caractère.

J'ai fait ces dessins avec la plus grande exactitude et correction possible. Pour cet effet, j'ai tiré une ligne horizontale le long du bas du nez N (*Planche I*) et du trou auditif C des quatre têtes, dans la ligne prolongée A B, et cela de la manière la plus nette que j'ai pu ; en ne perdant point de vue la ligne que décrivoit l'os de la joue.

Pour obtenir la véritable forme et l'emplacement exact des parties avec justesse, je me suis servi d'un point de vue non fixe, et j'ai pris soin de faire tomber mon rayon visuel rectangulairement sur le milieu de l'objet, comme le sont accoutumés de faire les architectes ; en ne me servant point par conséquent des règles de l'optique, qui donnent toujours une difformité aux parties, ou qui, du moins, ne nous les représentent point dans leur véritable position. Outre ces précautions, j'ai eu celle de ne considérer les objets que d'un œil.

Pour rendre ce travail plus facile, j'ai fait une machine d'une grandeur convenable à y pouvoir placer la plus grande boîte osseuse. Cette machine consiste en un plan droit horizontal, sur le milieu duquel il y a un petit chassis carré, dont les côtés horizontaux et perpendiculaires sont percés de trous à des distances égales, pour y passer l'aplomb et des fils perpendiculaires et horizontaux, selon qu'on le juge convenable.

---

(1) *Lib. XXXV*, *c.* 8, *paragraph.* 34, *pag.* 690.

La partie de devant de ce plan horizontal est de même divisée également par de petites chevilles de cuivre, ainsi que l'est aussi la partie supérieure du chassis. Ces chevilles sont destinées à recevoir les fils qu'on veut placer obliquement, afin de pouvoir trouver la véritable position sur le plan horizontal, en plaçant l'œil de façon que le fil oblique n'en représente parfaitement qu'un avec le fil perpendiculaire.

Cette tablette étant ainsi placée devant moi à la hauteur nécessaire pour que mon œil se trouvât d'égalité avec la ligne horizontale A B ; j'y mettois les têtes l'une après l'autre derrière les fils horizontaux du chassis dont j'ai parlé. Par le moyen des fils obliques, disposés de manière qu'ils sembloient couper les principales parties, et par ceux que j'avois placés perpendiculairement, j'obtenois tous les points de section dont j'avois besoin pour faire des dessins exacts des objets que je voulois copier.

En suivant cette méthode, j'ai trouvé dans toutes les figures les lignes N D, et E F ; N D coupant en C le trou auditif de l'oreille, de même que les points de jonction aux dents de devant N, et à l'occiput D, par lesquels on découvre la grandeur de N C jusqu'à C D ; ce qui nous sera d'une grande utilité par la suite ; parce que le point C se trouve le plus souvent chez l'homme dans la *ligne propensionnelle (linea propensionis)* E F, ou E F e, *Planche II*, de tout le corps, et par conséquent au centre de mouvement de la tête ; c'est-à-dire, des condyles de l'occiput avec la première vertèbre du col PW, principalement dans *la Figure* 1 de la *Pl. II*, W.

Par le moyen de ce même chassis, je suis parvenu à déterminer la hauteur exacte des têtes E, F ; et par conséquent les grandeurs proportionnelles entre E C, et C F, ou H N, jusqu'à N, I, et conséquemment le carré H, I, L, K, dans lequel chaque tête peut être tracée.

D'ailleurs, comme l'endroit où les dents se joignent indique la bouche en G, je pouvois tirer du point G une ligne oblique G M, le long de l'os du nez Δ et le front T; laquelle, à cause de sa grande utilité à déterminer les différentes physionomies, peut être appelée avec raison *ligne facéale (linea facialis).*

§. II.

La *première Figure* de la *Planche I*, représente le profil exact d'un Cercopythèque ou Singe à queue, dont le nom de l'espèce m'est échappé. La grandeur est réduite de moitié. Son front étoit plat, proéminent seulement un peu au-dessus des bords orbitaires. Il avoit cinq dents mâchelières et cinq abajoues ou poches; de sorte qu'il étoit de race africaine.

La ligne facéale M G, formoit avec A D, l'angle M N D, égal à quarante-deux degrés.

N C étoit à C D : : 8 : $2\frac{1}{2}$ ou : : 16 : 5.
E C : C F : : 7 : 7, c'est-à-dire, E C = C F.

§. III.

La *seconde Figure* est celle d'un petit Orang-Outang, réduite au quart de sa grandeur; le même dont j'ai donné le dessin et la description dans ma dissertation sur cet animal. Voyez *Planche II, Figure* 1 *et* 2. Cet animal, qui étoit fort jeune encore, n'avoit que deux dents mâchelières.

La ligne facéale M G formoit avec A B ou N D, un angle de cinquante-huit degrés. N C étoit : C D : : 7 : 4; et E C : C F, pour ainsi dire, comme 6 : 4.

Le front élevé donne à cet animal une physionomie qui tient davantage de l'homme. Les orbites des yeux se trouvent plus ouverts et plus proéminens; ce qui fait que les yeux mêmes ont quelque chose de plus agréable.

Suivant Edwards, qui a donné une assez mauvaise représentation de cet animal (1), la ligne facéale n'est que de cinquante-cinq degrés; petite différence qui ne mérite pas que nous nous y arrêtions, puisqu'on en remarque souvent une plus grande chez les hommes.

Depuis peu, on a découvert de nouveau le véritable Pongo dans l'île de Borneo ; et on en trouve la description dans les *Mémoires de la Société de Batavia, en hollandois, vol. II, pag.* 245. Cet animal ressemble, en général, à celui de la petite espèce dont je viens de parler, mais il est pour le moins une fois plus grand. Je possède la tête d'un de ces animaux qui avoit cinquante-trois pouces, c'est-à-dire, quatre pieds cinq pouces de hauteur; tandis que ceux de la petite espèce n'ont guère au-delà de deux pieds et demi. Celui-ci tient cependant moins de l'homme, parce que la tête est plus applatie; que les pomettes des joues sont plus larges, et que la mâchoire avance davantage (2).

§. IV.

La boîte osseuse du jeune Nègre, *Planche I, Figure 3*, fait connoître, au premier coup-d'œil, que c'est celui d'un homme. Il étoit dans l'âge de la seconde dentition, comme on peut le voir par la seconde dent mâchelière, et par une dent canine de la mâchoire inférieure, laquelle étant tombée laisse appercevoir la nouvelle

(1) *Glainures de l'Hist. Nat.* 1758, *Pl.* 213.

(2) La ligne facéale forme avec l'horizon un angle de quarante-sept degrés.

dent. Il n'avoit encore que quatre dents mâchelières de chaque côté. Je disséquai en public le corps de ce jeune homme, à Amsterdam en 1758.

La ligne facéale M G formoit un angle de soixante-dix degrés avec la ligne horizontale N D.

N C étoit : C D : : 7 $\frac{3}{4}$: 8, ou comme 31 : 32.
E C : C F : : 8 $\frac{1}{2}$: 5, ou comme 17 : 10.

La pointe de l'os de la joue Ω se trouvoit éloignée de C, le trou auditif, c'est-à-dire, N Ω : Ω C : : 4 : 4; ou N Ω = Ω C. C'est cette partie saillante Ω qui rend le visage plus ou moins plat; conformation qui a été admirablement bien indiquée sur les médailles de Bochus, dont je donne le dessin dans la *Planche IX*, *Fig.* 1 *et* 2.

Chez Albert Durer, qui n'a parlé qu'en passant du Nègre dans sa *Dissertation sur les variétés des lignes facéales*, l'angle de la ligne facéale de cette espèce d'hommes se trouve cependant de soixante-neuf à soixante-dix degrés, ainsi qu'il l'est chez le Nègre que j'ai cité pour exemple.

Il paroît que les anciens ont prêté une assez grande attention au caractère essentiel de la ligne facéale de la tête des Nègres, comme on peut le voir particulièrement chez le comte de Caylus, *Recueil d'Antiq.*, *tom. VII*, *Pl.* 57, *Fig.* 1 *et* 2, et *Pl.* 81, *Fig.* 5, ainsi que dans le *Tome V*, *Pl.* 90, *Fig.* 2, où l'on a parfaitement observé le profil des têtes de Nègres, qui ont servi de lampes.

§. V.

LA *Figure* 4 de la même Planche nous fait voir la tête d'un Calmuque. Comme les dents et la mâchoire inférieure manquent, j'y ai supplée en remplissant ce vide d'après la tête d'un Nègre âgé, dont j'avois autrefois disséqué le corps.

La ligne facéale M G forme de même un angle de soixante-dix degrés avec la ligne horizontale N D. Donc N C : C D comme 11 : 7 $\frac{3}{4}$, ou comme 44 : 29 ; et E C : C F : : 10 $\frac{1}{2}$: 6 ; ou 21 : 12, Ω C = 15 ; et par conséquent N Ω : Ω C : : 7 : 15.

§. V I.

PARMI le grand nombre de têtes d'Européens que je conserve dans mon cabinet, j'ai choisi celle représentée *Planche II*, *Fig.* 1. Dans cette tête, ainsi que dans un grand nombre d'autres que j'ai mesurées avec exactitude, la ligne facéale M G forme un angle de quatre-vingts degrés avec la ligne horizontale N D, ou A B.

N C étoit : C D : : 7 $\frac{1}{2}$: 7 $\frac{3}{4}$, comme 30 : 31, E C : C F, : : 9 : 5 $\frac{1}{2}$; ou comme 18 : 11. N Ω : Ω C : : 3 $\frac{1}{2}$: 4, ou comme 7 : 8.

Il s'ensuit de là que l'angle de la ligne facéale a dans la nature un *maximum* et un *minimum* ; c'est-à-dire, une grandeur et une petitesse déterminées de soixante-dix à quatre-vingts degrés ; et tout ce qui va au-delà est fait d'après les règles de l'art, et ce qui descend au-dessous de soixante-dix degrés donne au visage une ressemblance aux Singes, ainsi que je me propose de le démontrer dans le *Chapitre Second* de la *Troisième Partie* de cet ouvrage.

§. V I I.

POUR avancer avec ordre dans notre marche, je placerai la ligne facéale M G droite dans l'aplomb H J ; par là notre angle aura acquis dix degrés de plus, et toutes les parties de l'orbite de l'œil, de l'os de la joue, etc., seront portées en avant vers N M, *Figure* 2 de la *Planche II*.

Qu'on

Qu'on se représente l'ensemble des os de la tête d'une matière molle, et qu'on en porte la partie postérieure en haut et en avant; il faut nécessairement que E C devienne proportionnellement plus grand et gagne sur la partie E Y; quoiqu'au reste les orbites des yeux et les yeux mêmes demeurent dans la ligne T V.

La ligne S V, qui indique l'obliquité de la mâchoire inférieure, s'élève également dans la même proportion, et s'avance vers D jusqu'à ce qu'elle tombe en D, dans la *Figure* 3, et qu'elle s'y élève au-dessus dans la *Fig.* 4 de la *Planche II.* T X, au contraire, gagne exactement autant que X V perd. Par conséquent la tête devient graduellement plus courte, à mesure qu'on hausse la ligne facéale, et qu'on la fait tomber en avant, jusqu'à cent degrés, qui forme le *maximum* ou l'extrême que l'art peut donner à cette ligne. Dans cette circonstance, les yeux se trouvent placés au centre des orbites, exactement au milieu de la tête, comme on peut le voir dans la *Figure* 4 de la même *Planche II.*

Du moment qu'on sort du centième degré, la tête devient difforme. Il est surprenant que les anciens artistes grecs aient justement choisi ce *maximum*; tandis que les meilleurs graveurs en pierres fines chez les Romains se sont contentés de l'angle de quatre-vingt-quinze degrés, comme on le voit dans la *Figure* 3 de cette *Planche II*; ce qui n'a pas la même grace.

Les deux extrêmes de la ligne facéale sont donc de soixante-dix et de cent degrés, depuis le Nègre jusqu'à l'Antique grec. Qu'on diminue celle de soixante-dix degrés, et l'on obtient l'Orang-Outang, ou le Singe; et si l'on descend plus loin, l'on trouve le Chien, et enfin un oiseau, la Bécasse, dont la ligne facéale est à-peu-près parallèle avec la ligne horizontale; c'est-à-dire, que les deux mâchoires s'allongent; celle de dessous perd insensiblement son angle C, V,

S, et il ne reste point de place pour les dents; ce qui paroît être la raison naturelle pour laquelle les oiseaux n'ont point de dents.

J'ai, pour ma propre satisfaction, tracé avec une petite échelle sur le papier cette variation, ce qui a produit une singulière et agréable représentation, que je ne puis cependant placer ici, mais que tout dessinatenr pourra faire pour lui-même.

§. VIII.

En donnant quelque attention à l'angle M G S des *quatre Figures* de la *Planche I,* on s'appercevra facilement qu'il doit devenir plus grand à mesure que la ligne facéale G M s'élevera; et que c'est là la raison pour laquelle il se trouve le plus grand dans l'Européen, comme G J, *Planche II, Figure* 1.

Que dans tous les autres cas, quand la ligne facéale tombe encore davantage en avant, cet angle suit toujours la forme de la ligne facéale, ainsi qu'on peut le voir dans les *Figures* 2, 3 *et* 4 de la *Planche II.*

Comme l'angle de la mâchoire inférieure fuit en arrière dans tous ces cas, J F devient plus court, et l'angle en V acquiert plus de convexité, ce qui donne une forme plus ronde et plus agréable aux figures antiques, comme cela se remarque dans la *Figure* 4 de la *Planche II.*

§. IX.

Les yeux qui sont, pour ainsi dire, à fleur du rebord orbitaire supérieur, se trouvent par degrés plus enfoncés chez l'Européen. En S r, ce rebord devient plus grand dans les *Figures* 2, 3 *et* 4 de la

Planche II; ce qui donne ce grandiose et cette grace qu'on admire dans les têtes antiques, et que sans cela on ne peut obtenir.

Il est évident que cette profondeur résulte d'elle-même, lorsqu'on tient, comme je l'ai déja dit plus haut, l'orbite de l'œil à une égale distance de la ligne perpendiculaire M s, comme dans les *Figures* 2, 3 *et* 4 de la *Planche II*, et qu'on fait seulement avancer le front T.

§. X.

La grandeur de la bouche se détermine, si je ne me trompe, d'après la distance des dents canines chez l'homme, de même que chez tous les animaux, à l'exception d'un petit nombre; ou, pour m'expliquer plus nettement, les angles de la bouche finissent à l'endroit ou commence la première dent mâchelière. Plusieurs animaux n'ont, comme on sait, point de dents canines.

Chez les Singes, par conséquent chez les Orangs-Outangs et chez les Nègres, la fente des lèvres, ou l'angle de la bouche g δ, (*Fig.* 1, 2, 3 *d'en bas*) s'avance davantage que chez l'Européen; à cause que la proéminence de la mâchoire supérieure augmente cette distance. C'est par la même raison que la bouche est encore plus petite dans le style antique.

§. XI.

La ligne qui passe par le milieu des oreilles s, t, est un peu oblique chez tous les hommes, ainsi que je l'ai représentée dans les *Figures* 3 *et* 4 de la *Planche IV*; cependant cette ligne n'est jamais parallèle à la ligne facéale, comme on peut le voir dans la *Figure* 3 de la *Planche I.*

Dans les *quatre Figures* de la *Planche II*, j'ai placé perpendiculairement la ligne du milieu des oreilles, afin de pouvoir mieux juger de la véritable distance qu'il y a de l'œil à l'oreille.

CHAPITRE IV.

Remarques sur la différence de la ligne facéale, et sur les variétés qui doivent nécessairement en résulter.

§. I.

DANS le précédent Chapitre, j'ai seulement indiqué qu'elle espèce d'angle forme la ligne oblique M G dans toutes les figures des *Planches I, II et III.* Si maintenant nous fixons notre attention sur la proéminence de la mâchoire supérieure et sur le triangle T G S, *Figures* 3 *et* 4 de la *Planche I*, nous voyons que chez l'Européen ce triangle n'est point d'une grandeur remarquable, comme il paroît par la *Figure* 1 de la *Planche II.* Dans la *Figure* 2 le triangle a totalement disparu; dans la *Figure* 3 l'angle est moins grand; voilà le *minus;* et dans la *Figure* 4, le *minus*, ou la diminution est encore plus considérable.

Supposons maintenant que toutes les têtes ayent la même grandeur, et que tous les nez projettent autant les uns que les autres hors de la ligne T S, *Planche I*, *Figures* 3 *et* 4; il s'ensuit nécessairement que les nez du Nègre et du Calmuque deviennent fort petits et semblent écrasés ou épatés.

Chez l'Européen, *Planche II*, *Figure* 1, le nez doit paroître aquilin et saillir davantage en avant que la lèvre supérieure; et dans la tête antique, *Planche II*, *Figure* 4, il faut que le nez se trouve, pour ainsi dire, en ligne droite avec le front, et dépasse de fort peu la lèvre supérieure.

§. I I.

La mâchoire inférieure avance autant que la mâchoire supérieure chez les gens de couleur, tant Nègres que Caffres et Calmuques; voilà ce qui fait que ces peuples tiennent plus du Singe que de notre tête antique. Les lignes m, g, S, approchent beaucoup de M G S, *Planche I*, *Figures* 2 *et* 3.

§. I I I.

La mâchoire supérieure du Calmuque est fort plate par-devant, parce que l'os de la joue Q, *Planche I*, *Figure* 4, étant fort long, touche à la ligne T, laquelle tombe perpendiculairement sur la dent mâchelière du milieu. Chez le Chinois, l'Otahitien et autres peuples semblables, Z se trouve au-dessus du vide de la troisième et quatrième dents mâchelières, vers le fond de la bouche.

Chez le Nègre, la ligne C Z est visiblement plus courte, et tombe derrière la troisième dent mâchelière; chez l'Européen, elle va derrière la quatrième dent mâchelière, et dans la tête antique, cette ligne tombe plus par-devant. D'où il suit que le visage des figures antiques, comme de l'Apollon, par exemple, doit être plus plat que le nôtre; et qu'au contraire, celui des peuples d'Asie et d'Afrique doit être encore plus plat, et celui des Calmuques le plus plat de tous.

§ I V.

La distance de N G est beaucoup plus grande chez le Calmuque que chez le Nègre, et chez celui-ci plus grande que chez nous; tandis que cette distance N G est très-courte chez tous les peuples de l'Asie. Par conséquent les lèvres doivent être plus grosses et plus longues, à proportion; donc la lèvre supérieure doit être la plus longue et la plus grosse chez le Calmuque, et la plus petite dans l'Antique.

§. V.

Lorsque nous prenons garde à l'affaissement du visage, c'est-à-dire, à la distance de P F, ou le pivot sur lequel porte la tête, jusqu'à la ligne J L de la mâchoire inférieure chez le Nègre et chez le Calmuque, *Planche I*, *Figures* 3 *et* 4, ou chez l'Européen, *Pl. II*, *Figure* 1, W; il paroît clairement que la mâchoire et le menton se prolongent davantage chez les premiers que chez le dernier; le condyle P W, sur lequel tourne la tête de l'Européen, est sur une même ligne avec les dents des mâchoires supérieure et inférieure G, *Planche I, Figure* 3. D'où il suit que le Calmuque a le cou plus court que l'Européen; ou plutôt qu'il paroît l'avoir plus court, parce que la mâchoire ou le menton descend d'autant plus bas. Plus donc le menton descendra sur la poitrine, en même-tems que les vertèbres du cou seront plus courtes, et que les épaules, par la longueur des omoplates, comme chez l'Orang-Outang et chez toutes les personnes bossues, seront plus hautes; plus la tête tombera entre les épaules, et plus les hommes conformés de cette manière approcheront, pour la stature, des Acéphales, qu'on trouve aujourd'hui, à ce qu'on prétend, dans la Guiane.

§. VI.

Maintenant, comme le grand trou occipital ne se trouve pas loin de la ligne K L de l'occiput, et que les condyles sont placés aux parties antérieures et latérales de cette ouverture, il faut aussi que le pivot, ou le point central sur lequel se meut la tête soit fort différent. On doit par conséquent comparer D N à un levier dont le centre de mouvement est en C. Plus donc N C est grand, plus le visage doit tomber en avant, et le cou paroître court.

Chez le Calmuque N C est : C D : :	$12\frac{1}{2}$: 6	: :	2 :	1.
Chez le Nègre N C est . . . : C D : :	$7\frac{1}{2}$: $8\frac{1}{2}$	: :	15 :	17.
(1) Chez l'Européen . . . . : :	$7\frac{1}{2}$: $7\frac{1}{2}$	: :	1 :	1.
Dans l'Antique. . . . . : :	$7\frac{1}{2}$: $5\frac{1}{2}$	: :	15 :	11.

Les têtes des Calmuques tomberont par conséquent naturellement en avant, et descendront entre les épaules.

Celles des Nègres tomberont en arrière, parce que l'occiput en est la partie la plus pesante.

Cela a encore davantage lieu chez l'Orang-Outang, et va au plus haut degré chez les Singes, les Chiens, les Chevaux, etc.

La tête de l'Européen conservera par conséquent son aplomb, et aura la plus noble contenance.

---

(1) Chez le Chinois on trouve la longueur de la tête ou N D : C F, sa hauteur : : 7 : 7 ; donc N D égal E F.

N C : C D : : 4 : 3. La ligne E F tombe par le milieu des condyles de l'occiput ; de sorte que N W est égal à W D.

N. B. Quoique toutes les lettres, dans le dessin de cette tête, lequel n'a pas été gravé, soient placées de la même manière qu'aux têtes des *Planches I et II;* il faut cependant observer, qu'ici N C indique la distance de N jusqu'au trou auditif C ; et N W celle de C jusqu'au milieu des condyles de l'occiput.

M. d'Aubenton a donné sur cela de fort belles remarques et réflexions dans son *Mémoire sur les différences de la situation du grand trou occipital dans l'homme et dans les animaux. Mémoires de l'Académie Royale des Sciences de l'année* 1764.

Les anciens, en faisant pencher la tête en avant, sur-tout dans leurs statues, lui ont donné un air plus grand, plus majestueux.

§. VII.

Depuis le premier plan de cet écrit conçu en 1774, il m'a été donné la boîte osseuse d'un Chinois qui me paroît être mort à la fleur de son âge. Sa ligne facéale est de soixante-quinze degrés; les orbites des yeux sont $\frac{12}{8} = 1\frac{1}{2}$ d, et leur élévation est de $\frac{2}{8}$; et chez l'Européen ils sont aussi hauts qu'ils sont larges. Faut-il donc être surpris que la physionomie de ce peuple soit triste, et que la coupe des yeux soit naturellement longue, et a-t-on besoin de supposer qu'on les allonge par art. La mâchoire supérieure a peu de cavité proche du nez G N; ils ne peuvent par conséquent pas avoir la lèvre supérieure grande; mais la mâchoire est fort carrée; formant par S V W un angle de cent dix degrés, lequel chez les Européens est de cent vingt degrés, et chez la plupart des Nègres de cent vingt-cinq degrés. La mâchoire inférieure des Chinois a donc quelque ressemblance avec celle des Singes, et particulièrement des Orangs-Outangs.

En 1785, je dessinai au collége du Christ, à Oxford, la boîte osseuse entière d'un Otahitien, apportée par le capitaine King, laquelle avoit, à tous égards, une grande analogie avec celle du Chinois; cependant la ligne facéale étoit perpendiculaire; ce qui peut s'être trouvé ainsi par hasard. Dans la tête décharnée d'un habitant de l'île de Célèbe, on trouve les mêmes signes caractéristiques que chez le Chinois.

La boîte osseuse d'un Macassar de l'île de Célèbe, que j'ai dans mon cabinet, offre absolument ces mêmes caractères, qu'on remarque moins dans celle d'un Mogol, qui tient cependant beaucoup de

l'Asiatique.

l'Asiatique. Il est curieux de voir une suite de têtes décharnées, comme celle que je possède, de Singes, d'Orangs-Outangs, de Nègres, d'un Hottentot, d'un habitant de Madagascar, d'un autre de Célèbe, d'un Mogol, d'un Calmuque et de différens Européens, qui tous sont placés sur un même rayon, les uns à côté des autres, et offrent, au premier coup-d'œil, les variétés dont j'ai parlé dans ce Chapitre et dans le précédent.

§. VIII.

Pour bien saisir sur-le-champ l'utilité de ce système, il faut tracer le profil du Nègre suivant la *Figure* 3 de la *Planche I*, sur la *Figure* 1 de la *Planche VI*, comme K A B H I L M, et le long du front la ligne facéale de l'Européen F E, de quatre-vingt-cinq degrés, depuis A jusqu'à N E et O, jusqu'à ce qu'elle aboutisse à I, et l'on aura la physionomie de l'Européen.

Et, en traçant premièrement la tête de l'Européen, on obtiendra, d'après les mêmes procédés, celle du Nègre.

Si l'on couvre avec les bouts des doigts la ligne pointillée A B H, on voit l'Européen ; et en cachant ensuite la ligne pleine N E O, on trouve le Nègre.

CHAPITRE V.

Remarques sur les variétés de la ligne facéale qu'offrent les têtes vues de face.

§. I.

La *Planche III* offre, au premier coup-d'œil, les principales différences qu'il y a entre les têtes du Nègre, du Calmuque, de l'Européen et de l'Apollon du Belvédère ; matière dont je traiterai plus au long par la suite, d'après les principes que j'ai établis.

L'Orang-Outang représenté de profil dans la *Planche I, Fig.* 2, se trouve ici de face, afin de pouvoir mieux comparer la largeur des mâchoires M N avec la largeur de la tête P O, et pour appliquer au Calmuque la petite distance Y Z des yeux.

Chez l'Orang-Outang on voit I H : O P : : $19\frac{1}{2}$: 14.
O P : M N : : 14 : 14 — M N : X W : : 14 : $10\frac{1}{2}$.

Toutes les parties qui se ressemblent sont de nouveau tracées dans la ligne A B ; et l'élévation de chacune de ces parties en particulier se rapporte avec celle des profils que j'ai représentés dans la *Planche I.*

§. II.

Je ferai suivre ici le Nègre *Planche III, Figure* 2. Sa tête est longue ou haute comme 27 : 20, sa plus grande largeur ; c'est-à-dire, que I H : O P : : 27 : 20. D'ailleurs, O P : M N : : 20 : 18 et M N : X W : : 18 : 16. La mâchoire inférieure U V est comme 12 ; toute la physionomie diminue par conséquent de P par M V, jusqu'à H et O N ; V H conservant, à bien peu de chose près, la figure de l'ovale. Les narines sont assez larges en comparaison de leur hauteur ; c'est-à-dire, que E F est à D C : : 2 : 3 ; d'où il suit naturellement que les ailes du nez se trouvent toujours posées à côté des narines, sur la partie avancée de la mâchoire supérieure, et que le nez doit être large.

La distance Y Z des orbites des yeux est comme 3 ; par conséquent les yeux sont moins éloignés l'un de l'autre que le nez n'est large. Les ailes du nez, se trouvant posées à côté de E F, leur largeur doit être au moins comme 4.

Les orbites des yeux de ce Nègre étoient fort larges, c'est-à-dire, K L = 6; de sorte que ce sujet peut avoir eu d'assez grands yeux. Chez d'autres, ainsi que chez les Chinois, j'ai trouvé les orbites des yeux plus petits : les têtes des Européens offrent une grande variété relativement à cette partie du visage.

En tirant de l'origine des petits os du nez C en travers de la largeur du nez E F une ligne jusqu'à Z R, cette ligne renfermoit les quatre dents incisives avec les œillères ou les dents canines d'en haut, vu que la bouche, chez tous les hommes et chez tous les animaux, comme je l'ai dit, couvre les dents canines ou angulaires; de sorte que la ligne Z R détermine nécessairement la grandeur de la bouche.

Plus donc la ligne Z R sera grande en comparaison de U V, plus la bouche sera difforme. Z R est à peu-près comme 8, et U V comme 12.

Les Nègres ont les oreilles petites; mais comme les apophyses mastoïdes sont aussi larges que M N, elles se trouvent loin de la tête, ainsi qu'on le voit chez tous les individus de cette espèce.

§. III.

Le Calmuque a la tête d'une toute autre conformation.

La hauteur I H : O P : : 16 : 10 : : 32 : 20.
O P : M N : : 20 : 24.
M N : X W : : 24 : 19.

La mâchoire inférieure U V est comme 8 ou 16.

Le visage a par conséquent la forme d'une losange; il est étroit et pointu par le haut du crâne, devient plus large en O P, et sa plus grande largeur est en N M; de-là la mâchoire se rétrécit subitement jusqu'en U V, ainsi que La Loubère l'a remarqué de même; voyez §. 4, *cap.* 1 de cette dissertation.

Les narines sont comme $2\frac{1}{4}$; c'est-à-dire, comme E F, et l'ouverture en est environ de $3\frac{1}{2}$; de sorte que les ailes du nez ne peuvent pas être ici fort larges; mais les ouvertures doivent être bien visibles, ainsi qu'on le peut voir par la comparaison du visage avec la boîte osseuse, *Planche I*, *Figure* 4.

La distance des orbites des yeux Y Z est comme Z; les yeux sont par conséquent fort rapprochés, et plus près l'un de l'autre que chez le Nègre; car les ailes du nez, étant mises chez tous les deux en proportion égale, sont comme 9; ce qui fait une fort grande différence.

Les orbites des yeux, c'est-à-dire, K L = b; les yeux sont fort petits en comparaison de I H ou M N; et comme le muscle rond est toujours placé sur la pomette de la joue, la fente doit être oblongue, et sur-tout paroître telle, à cause que le pli semble augmenter la fente dans le petit angle. Dans la tête du Chinois, les orbites des yeux sont beaucoup plus larges que hauts, ce qui fait que ce peuple a les yeux oblongs.

Le triangle C Z R, tiré de la même manière que chez le Nègre, comprend Z R = $3\frac{3}{4}$; c'est-à-dire, les quatre dents incisives et la moitié des dents canines; il faut par conséquent y ajouter l'autre moitié; et alors la bouche devient = $4\frac{7}{8}$ ou environ 5.

Comme les pomettes des joues sont si visiblement plus larges que la tête; c'est-à-dire, M N : O P : : 12 : 10, les oreilles disparoissent quand on regarde la tête de face, comme chez les Singes, et particulièrement celle de la *Figure* 1 de la *Planche III*, laquelle a beaucoup de ressemblance avec celle du Calmuque, tant par le peu d'espace qu'il y a entre les yeux, que relativement à la largeur des mâchoires et la forme applatie du visage.

§. IV.

Il en est tout autrement des proportions des têtes des Européens de nos jours, et particulièrement de celles des Hollandois;

car J H : P O : : 29 : 23.
P O : : M N : 23 : 20.
M N : W X : : 20 : 17.
M N : U V : : 20 : 13.

Notre visage forme par conséquent un ovale, qui est plus court relativement à sa largeur que chez les Nègres.

Les narines E F, comme Z, sont aussi larges que Y Z; nos yeux sont par conséquent à une plus grande distance l'un de l'autre; et comme les orbites des yeux K L sont égaux à 3, nous pouvons avoir d'assez grands yeux. Cependant les ailes du nez occupent un plus grand espace que celui qui est entre les yeux.

Les oreilles sont plus collées contre la tête, à raison que O P est plus large que M N; ce qui se trouve bien démontré par ce qui a été dit des Nègres et des Calmuques.

Comme le triangle C Z R est plus long, et qu'il y a plus de distance du nez à la bouche C G, la bouche Z R devient considérablement plus petite, c'est-à-dire, égal à 3; parce que E F chez le Nègre est égal à E F ici. Par conséquent la bouche Z R est à U V : : 6 : 13.

§. V.

Les anciens ont donné aux têtes plus de hauteur au-dessus du crâne (ainsi que je le prouverai clairement par la suite), en faisant tomber en avant la ligne facéale M G, *Figure* 3, *Planche II*; et cela de la longueur de Y E = M H. Par-là, J H, de la *Figure* 5 de la *Planche III*, quoique formé de la même tête que la *Figure* 4, est plus grand ou plus haut; savoir : : 33. Ils ont pris M N = P O; c'est-à-dire, qu'ils ont fait l'occiput moins large, la mâchoire plus étroite, et les yeux à plus d'éloignement l'un de l'autre.

De sorte que J H : P O : : 33 : 20.
M N : W X : : 20 : 17.
M N : U V : : 20 : 16.

La face forme par conséquent un ovale beaucoup plus alongé.

Ils ont divisé O P en quatre parties égales, et pris une de ces parties pour la grandeur de l'œil, et pour la distance entre les yeux $\frac{1}{4}$; P O = 3 = Y Z, qui n'est que 2 dans la tête moderne.

Les narines ayant la même ouverture que chez nous, les ailes du nez forment la même largeur que Y Z, distance des yeux, et que la bouche Z R.

Comme le nez penche plus en avant, ainsi que cela se voit par la *Figure* 4, *Planche II*, il devient d'autant plus long que T h; ce qui rend la lèvre supérieure plus courte.

L'inclinaison de la ligne facéale en avant fait que les yeux se trouvent plus enfoncés sous le front; et la ligne du milieu, qui passe par les larmiers des yeux O P, coupe I H en d en deux parties égales. Mais cela n'arrive que lorsque M G, *Figure* 4, *Planche II*, forme avec A B un angle de cent degrés; ce qui est le *maximum* de l'inclinaison en avant de cette ligne.

CHAPITRE VI.

Explication physique de la variété des traits de la physionomie de différens peuples.

§. I.

J'AI déja rapporté, dans le *Chapitre II*, toutes les causes auxquelles les écrivains anciens et modernes ont attribué la conformation des os et des chairs qui les couvrent; et j'y ai joint mes idées à celles du savant Buffon, pour faire voir que le climat seul (en y comprenant la nourriture et les mœurs), pouvoit donner une forme particulière à ces parties du corps de l'homme. Si l'on y joint que les différentes maladies naturelles à certains pays y contribuent aussi, nous ne serons plus étonnés de ce qu'on trouve cette variété dans l'espèce humaine, qui a de même lieu chez les végétaux, les oiseaux et les quadrupèdes d'une même classe.

§. II.

JE me flatte d'avoir prouvé évidemment, que chez les Nègres la mâchoire supérieure avance beaucoup ; et que par cette cause la la ligne M G incline en arrière, et forme un angle de soixante - dix degrés : voyez *Figures* 3 *et* 4 de la *Planche I.* Il est donc aussi très-certain, physiquement parlant, que les dents doivent de même être posées obliquement en avant; et que, pour que ces dents se trouvent couvertes, il faut que les lèvres, particulièrement la supérieure, soient longues, épaisses et grandes. Par la même raison, la lèvre inférieure doit suivre la supérieure. Le nez sortant également de la ligne T S, *Planche I*, *Fig.* 3, doit nécessairement paroître épaté, à cause de la proéminence de la lèvre supérieure, sans qu'il soit besoin pour cela de l'intervention de l'art des parens ou de la sage-femme, pour lui donner cette forme en le comprimant avec violence.

La largeur des narines, dans la conformation des os, exige de même un large nez, et le rend nécessaire; parce que les ailes étant placées obliquement en-dehors, doivent correspondre en-dedans avec les trous des os. Pourquoi donc les philosophes et les voyageurs, qui se laissent si volontiers aller aux contes populaires qu'on leur fait, n'ont-ils pas cherché à nous persuader également que les Nègres donnent par art cette forme à leurs narines. Les chocs que l'enfant reçoit contre le dos de la mère, peuvent bien, en effet, écraser un peu la partie cartilagineuse du nez; mais ils ne peuvent pas donner un écartement régulier aux narines.

La forme plate du visage dépend de la proéminence de l'os de la joue de C Q, *Planches I et II;* et delà il suit évidemment que le visage des Orientaux a naturellement cette conformation, et qu'ils ne la doivent point à une compression de la tête.

J'ai fait voir de même, que chez les Nègres l'occiput est plus pesant que le sinciput; c'est-à-dire, que C D E, *Planche I, Figure* 3, a plus de poids que E. T. G. S. P. C. Les Nègres, cherchant donc à conserver l'équilibre, jettent la tête en arrière, sur-tout les garçons; ce qui ne peut se faire sans plier les reins en-dedans, et sans pousser par conséquent le ventre en-dehors.

A cela se joint le peu de largeur des hanches, c'est-à-dire, la forme étroite du bassin; de sorte que la largeur de cette partie est à sa profondeur : : 9 : 7; tandis que dans les squelettes des hommes les mieux conformés cela se trouve : : 11 : 7. Comme d'ailleurs les Nègres,

Nègres, étant condamnés, comme esclaves, dès leur enfance, à de forts travaux, il faut nécessairement que les genoux se déjettent en-dedans ou en-dehors, et que les jambes deviennent mal faites. A cela, il peut se joindre plusieurs autres causes, que je passerai sous silence, parce que mon intention n'est point de donner une description exacte de la conformation du corps entier. Il me suffit d'avoir prouvé que l'art ne contribue pas davantage à la figure des Nègres qu'à la couleur de leur peau, ou à la qualité laineuse et crépue de leurs cheveux, et que ce n'est qu'à la nature seule qu'il faut attribuer ces traits caractéristiques qui les distinguent des autres races d'hommes.

§. III.

Les Calmuques, les Chinois et les Siamois, doivent avoir, par les raisons que je viens d'alléguer, le visage plat, le nez petit et les narines fort ouvertes. Il faut aussi que leurs lèvres soient, à proportion de la largeur de la mâchoire supérieure, plus grosses ou plus petites que celles des Nègres.

Supposons, pour un moment, que ces peuples se compriment la tête entre des planches, ainsi que le prétendent les anciens écrivains grecs; mais pourquoi, dans ce cas, les côtés de la tête ne sont-ils pas plats? Pourquoi les pomettes des joues saillissent-elles si fort? tandis qu'elles devroient se trouver également comprimées; D'où vient que les orbites des yeux sont si voisins l'un de l'autre? Si cela étoit le résultat d'une compression, il faudroit que toute la mâchoire supérieure fut également applatie sur les côtés, au lieu qu'elle est beaucoup plus large chez eux que chez d'autres peuples.

Comme C Z, *Figure* 4, *Planche I*, est si long, et l'occiput C D E si petit, en comparaison de E T G S C, il faut que la tête penche en avant, et que le dos soit courbé en sens contraire de ce qui se remarque chez les Nègres. La tête doit descendre entre les épaules, de la même manière que cela a lieu chez les Orangs-Outangs et chez plusieurs autres espèces de Singes.

Les Calmuques ont la tête visiblement plus grande que la nôtre; leur corps est, au contraire, plus petit; par conséquent ils ne peuvent pas marcher dans une position bien verticale, et il faut que leurs genoux se trouvent jetés en avant, de même que cela arrive chez nous quand nous portons un grand fardeau sur la tête. Tout cela doit rendre leur figure désagréable à nos yeux, accoutumés à voir des hommes d'une taille élancée et svelte, qui ont sept ou huit fois la longueur de leur tête; tandis que les Lappons, les peuples du Brésil et quelques autres ont à peine six têtes de hauteur. La plupart de ces hommes s'assoient par terre, sans jamais se servir de chaise; ce qui fait qu'ils vont naturellement courbés, et paroissent non-seulement plus courts, mais aussi plus laids.

§. IV.

Les Européens ont le nez long, parce que la mâchoire fuit en arrière, comme il paroît par la ligne M G, *Planche II*, *Figure* 1, qui forme avec l'horizon, ou la ligne A B, un angle de quatre-vingts degrés. Ne trouverions-nous pas ridicule, si quelque philosophe ou voyageur Nègre ou Calmuque, vouloit donner une description de notre physionomie comme nous le faisons d'eux, en supposant par théorie que nos mères ou nos nourrices s'amusent à tirer tous les jours le nez des enfans, pour lui donner la longueur que cette partie du visage a chez nous? Je pense donc avoir démontré suffisamment, qu'aucune de ces espèces d'altérations des formes du corps ne dépend de l'art, mais qu'elles ne sont dûes qu'à l'influence particulière du climat, de la nourriture, des mœurs et des usages sur notre physique.

Nous voyons qu'en Hollande les têtes sont fort grosses, particulièrement à l'occiput, c'est-à-dire, la partie O P, *Pl. III, Fig.* 4; ce qui paroît dépendre principalement du peu de solidité des os chez les enfans. Cela fait que les fronts sont souvent droits, plats et larges; de manière que le bas du visage est fort étroit et délicat.

Les Hollandois ont, en général, les mâchoires étroites, c'est-à-dire, M N et T S; parties qui sont aussi fort étroites chez les habitans de la partie septentrionale de la France et chez les Écossois. Il seroit absurde de vouloir attribuer cela à une compression quelconque.

Les Italiens, les habitans du Midi de la France, et quelques Allemands, ont conservé des restes des peuples orientaux; savoir, des visages plus larges et plus plats.

Les hommes, de même que les femmes de la Hollande, ont, proportion gardée, les hanches larges; ce qui fait que leur démarche est vacillante; du moins n'est-elle pas aussi agile que celle des personnes dont les hanches sont étroites. Les anciens observoient dans la détermination de ces proportions le caractère de la figure : dans l'Hercule-Farnèse, la largeur est à la profondeur comme 12 : 8 $\frac{1}{2}$; dans l'Apollon du Belvédère comme 9 : 7; dans l'Antinous comme 10 : 8 $\frac{1}{2}$; suivant Albert Durer, l'une est à l'autre comme 9 : 5.

Chez les femmes hollandoises, cette proportion est comme 12 : 7; cependant les Grecs l'ont prise dans la Vénus de Médicis : : 11 $\frac{1}{2}$: 8 $\frac{1}{2}$; c'est-à-dire, qu'ils ont fait les corps plus étroits, plus gros et plus ronds.

§. V.

Si l'on veut se convaincre que l'art ne peut influer en aucune façon sur la configuration des hommes, qu'on trace le profil d'un

Nègre, comme dans la *Planche VI, Figure* 1, qu'on trace les lignes parallèles A C et B D, et la ligne verticale C K; qu'on tire ensuite de E D une ligne F E qui forme l'angle F E D, de quatre-vingt-cinq degrés. En y dessinant la bouche a E, on voit évidemment que ce n'est pas le nez du Nègre qui est écrasé, mais que c'est seulement sa mâchoire qui avance trop. De la même manière, on peut transformer l'Européen en Nègre, et ainsi de suite; d'où il est facile de conclure que les Nègres écrasent aussi peu le nez de leurs enfans pour lui donner la forme qu'il a, que nous allongeons celui des nôtres en le tirant.

SECONDE PARTIE.

CHAPITRE PREMIER.

De la forme de la tête des Enfans, vue de profil.

§. I.

DANS le *Troisième Chapitre* de la *Première Partie*, j'ai indiqué la manière dont j'ai exécuté les profils de la *Planche I*. Il ne me reste donc qu'à dire que ceux de la *Planche IV* ont été dessinés sur le même chassis et avec la même exactitude.

La différence remarquable qu'il y a entre la tête d'un enfant nouveau né et de celle d'un enfant d'un an, m'a déterminé à choisir la représentation des *Figures* 1 *et* 2. La *Fig.* 3 est la tête d'un homme fait bien conformé, lequel a déja servi pour la *Figure* 1 de la *Pl. II*. La *Figure* 4 est celle d'une vieille femme dépouillée de toutes ses dents, afin de pouvoir indiquer d'une manière plus précise les véritables différences qu'offrent ces diverses têtes.

§. II.

A la boîte osseuse de l'enfant nouveau né, *Figure* 1 *Planche IV*, on peut regarder le crâne comme un ovale oblique, au côté de devant duquel les mâchoires tiennent par en bas. Cette forme n'est pas si constante qu'elle ne varie quelquefois; cependant la différence, à cet égard, n'est pas remarquable. Le bas du menton et le front se trouvent sur la même ligne verticale A D.

Chez l'enfant d'un an, le front sort déja de la ligne A D, et l'occiput penche visiblement; les deux mâchoires avancent de même, d'une manière sensible. Z D est $= \frac{1}{4}$ chez l'enfant nouveau né; mais chez celui d'un an, il est beaucoup plus que $\frac{1}{4}$.

§. I I I.

L'ORBITE de l'œil G H est, dans la *Fig.* 1, *Pl. IV*, égal à $\frac{1}{5}$; A D, est un peu plus grand dans l'enfant d'un an. L'orbite de l'œil est de même de $\frac{1}{5}$ dans la tête de l'homme fait; ce qui est occasionné par l'avancement des mâchoires et du nez W D. L'orbite de l'œil est par lui-même beaucoup plus grand que dans les premiers âges de la vie; ce qui prouve que les orbites des yeux conservent une proportion avec le reste du visage, quoique ces orbites mêmes soient proportionnellement plus grands chez les enfans.

§. I V.

COMME les enfans viennent au monde sans-dents, ils ont la mâchoire supérieure Z R peu profonde; à l'âge d'un an cette partie est presqu'une fois plus forte. Chez l'homme fait, la mâchoire supérieure est, sans les dents, trois fois plus grande, et quatre fois avec les dents; plus ou moins cependant, selon la force et la nature de l'individu.

La mâchoire supérieure avance aussi avec l'âge, mais lentement. Les cinq dents mâchelières ne viennent qu'à l'âge d'environ dix ans. Z D est $= 1 \frac{1}{2}$ de A D ou $\frac{3}{6}$ —. Dans l'enfant seulement $\frac{1}{5}$, *Figure* 1; dans la *Figure* 2, $\frac{3}{10}$.

§. V.

La mâchoire inférieure éprouve à-peu-près le même changement : T K devient non-seulement plus grand, mais la pointe ou l'angle K pousse aussi en arrière en croissant ; de sorte qu'il se trouve, pour ainsi dire, directement au-dessous du condyle T ; du moins chez les Chinois et chez les autres peuples orientaux.

Cependant le menton avance entièrement, comme on peut s'en convaincre le mieux par la comparaison de la *Fig.* 3 avec les deux précédentes. Il dévance bien de $\frac{1}{12}$ la ligne facéale en W ; tandis qu'il est en ligne verticale dans la *Figure* 1. Comme les dents, tant incisives que canines et mâchelières, poussent, pour ainsi dire, dans le même-tems aux deux mâchoires, elles prennent une disposition relative les unes aux autres ; de manière néanmoins que les dents de la mâchoire inférieure restent toujours en-dedans de celles de la mâchoire supérieure dans les têtes bien faites.

La petite distance qu'il y a de Z à H, c'est-à-dire, des mâchoires et de l'os du nez jusqu'à la pomette de la joue, fait que tous les enfans ont le visage plat ; et c'est ce que le Flamand ou Quesnoy a parfaitement bien observé. Les anciens ont toujours rendu la mâchoire inférieure des enfans trop longue ; voilà la raison pourquoi ils n'ont jamais réussi à leur donner les graces du premier âge.

§. VI.

Le nez peut être considéré sous deux aspects différens : d'abord en prenant la partie de sa naissance ou de son enfoncement en W, à laquelle on a donné, d'après O et G, le nom de cavités du front ; et ensuite le nez même W Q, *Figures 2 et* 3.

Les enfans nouveaux nés n'ont aucune cavité au-dessus du nez et des orbites des yeux W G ; voilà ce qui fait que leur front est plat ; c'est-à-dire, que le front O dépasse W ; tandis que chez les hommes faits, cette partie W dépasse de beaucoup O, et cela se remarque davantage encore chez les personnes âgées, comme on peut le voir par la *Figure* 4. C'est par la même cause que le nez est plus enfoncé chez les Nègres ; ou, pour mieux dire, qu'il paroît plus écrasé chez les vieux Nègres que chez les Négrillons.

Chez les enfans, le nez est petit, et fait à-peu-près $\frac{1}{5}$ de A D ; tandis qu'il en forme $\frac{1}{4}$ chez les personnes formées. Il devient aussi proportionnellement plus large.

§. VII.

La tête des enfans nouveaux nés est plus longue que large, comme D C : D F = A D. Chez quelques petits enfans, cette différence est considérablement plus grande ; ainsi que dans la *Figure* 2, D C est à cet égard de $\frac{1}{5}$ plus long que D F. Cette longueur semble particulièrement propre aux têtes des enfans en Hollande, comme Vésale (1) l'avoit déja remarqué. J'ai fait observer plus haut que dans les ouvrages antiques, l'occiput est plus petit, à cause que la ligne facéale est prise penchant en avant. C'est à quoi J. de Wit n'a pas pris garde, quoiqu'il se soit rendu célèbre par ses tableaux d'enfans. Il a rendu l'occiput plus court, en élevant le sommet de la tête. Cette même observation est donc applicable aux enfans, et a été bien suivie par Quesnoy, comme on peut s'en convaincre par la *Figure* 4 de la *Planche V*.

Le centre de mouvement U ne se trouve pas au milieu, mais en

(1) *Lib. I, cap. V, 5.*

avant

avant, ce qui est la cause que les têtes de nos enfans tombent si facilement sur la poitrine, et encore plus dans le cou. Du moment qu'on fait pencher en avant la ligne A D, on change le point central; et comme les têtes penchent un peu plus vers la poitrine, elles acquièrent par là plus de grace. Albert Durer (*page* 64) donne aux têtes des enfans une inclinaison de quatre-vingt-quinze degrés, de la même manière qu'on le voit dans la *Figure* 3. Quesnoy et J. de Wit ont porté, en général, cette inclinaison de la ligne facéale à cent degrés. Dans ce cas, il faut augmenter la hauteur, de manière que U W devienne égal à S T, *Figure* 3, *Planche V*.

§. VIII.

Le conduit auditif croît avec le tems d'une manière remarquable chez les enfans, ainsi que l'apophyse mastoïde derrière l'oreille. Chez les jeunes enfans, l'origine s'en trouve au-dessus du condyle U, et n'est, pour ainsi dire, pas visible; tandis que chez l'homme fait, comme *Fig.* 3 *et* 4 de la *Planche IV*, il descend, fort agrandi, en Y. Cela a cependant davantage lieu chez les hommes que chez les femmes, lesquelles ont, en général, les apophyses moins fortes que nous.

CHAPITRE II.

De la forme de la tête chez les hommes faits.

§. I.

J'ai déja donné une ample description de cette forme dans le *Troisième Chapitre* de la *Première Partie*. Il me reste seulement à observer que les os du nez L donnent en croissant une élévation au nez, lequel devient par-là ce qu'on appele aquilin ; ce qui est regardé par quelques-uns comme une grande beauté. C'est cette élévation qu'on ne trouve ni chez les Nègres, ni chez les peuples de l'Asie, et que les Grecs ont évitée, avec raison, parce que, rendant la ligne du dos du nez presque droite, ils ne pouvoient donner de bosse à cette partie sans produire en même-tems une grande difformité.

§. I I.

LA partie antérieure du nez, jusqu'à la pomette de la joue Z V, étant chez nous plus longue que chez toutes les autres nations, le nez doit paroître plus long qu'il ne l'est véritablement, sur-tout chez les personnes maigres ; cela fait aussi que notre visage n'est pas si plat. Nos narines sont presque toujours visibles, parce que la base du nez h, i, est horizontale, c'est-à-dire, à distance égale de la terre.

§. I I I.

LA manière dont nos dents sont placées en avant, fait qu'en général notre bouche saillit un peu, et que notre menton semble fuir en arrière. On peut se former une idée du reste, par ce qui a été dit plus haut, et par les figures que j'en donne.

CHAPITRE III.

De la figure des Vieillards.

§. I.

JE crois avoir remarqué qu'en Hollande, les femmes perdent, en général, plutôt leurs dents que les hommes. Cependant elles tombent également chez les hommes à un certain âge; et l'on peut consulter, à cet égard, la *Figure* 4 de la *Planche IV*.

On perd non-seulement en vieillissant les dents, mais aussi les gencives et les alvéoles, dans lesquelles leurs racines se trouvoient enchassées; c'est par cette raison que la mâchoire inférieure perd de sa hauteur. La profondeur de la bouche diminue tellement par-là, qu'à peine peut-elle contenir davantage la langue.

Comme la langue est portée par là, avec l'hyoïde, vers le palais de la bouche, elle ne s'y trouve plus courbée avec sa racine, mais en sort du moment que les vieillards veulent se pencher tant soit peu en avant. La langue paroît alors beaucoup plus longue, comme elle l'est aussi en effet, parce qu'elle est dans une situation plus droite.

§. II.

Le nez, dont le point d'appui en ZR ne subsiste absolument plus, est courbé vers la bouche, par-dessus laquelle elle penche pour ainsi dire.

Les cavités du front W deviennent plus profondes en-dedans, et forment de plus grandes proéminences à l'extérieur; de sorte que le pli ou la pince à l'origine du nez acquiert plus de profondeur, et devient par conséquent plus visible.

§. III.

TOUTE la mâchoire supérieure devient plus creuse, et la partie antérieure ZR, laquelle chez les hommes faits forme proéminence, fuit en arrière chez les vieillards; ce qui fait que la lèvre supérieure tombe maintenant dans la bouche, et fait paroître le nez plus grand qu'il ne l'est en effet, et qu'il ne l'a été même dans la vigueur de l'âge.

§. IV.

La mâchoire inférieure, laquelle a conservé à l'extérieur la même forme T K X, est maintenant, par la perte des dents et des alvéoles, tellement tirée en haut par ses muscles, que les gencives se serrent les unes contre les autres; par conséquent la pointe D avance au-delà de la ligne Z D jusques en X.

La distance du menton jusqu'au nez devient $\frac{1}{6}$ partie de la tête entière plus courte. Le nez et le menton semblent se toucher; circonstance que la plupart des peintres, Rubens, et de Wit même (1), ont entièrement négligé d'observer. Bloemaard a imité la nature, mais n'a pas su pénétrer sa manière d'opérer. Lairesse, P. Testa, et le grand Raphaël y ont porté la plus grande attention. Le célèbre M. Greuse semble n'en avoir pas eu la moindre idée, comme cela paroît par la gravure, d'ailleurs fort belle, de son tableau du *Retour sur soi-même*, représentant une vieille femme qui lit.

§. V.

Du moment que la mâchoire inférieure s'élève jusqu'à $\frac{1}{6}$, comme je l'ai fait voir, les angles de la bouche sont tirés par en bas, et les petits muscles de la peau du cou se tendent comme des cordes, et deviennent fort visibles.

§. VI.

Les rides du visage coupent toujours transversalement les fibres des muscles; par conséquent ils sont placés horizontalement sur le front; autour des yeux ils forment l'éperon; et au cou leur direction

(1) *Tek. Boek. Tab. XI, fig.* 3 *d'en haut.*

est de nouveau horizontale, et à-peu-près parallèle autour de la mâchoire inférieure X K T. Cependant, si l'on compare la mâchoire de la tête décharnée avec celle de la tête revêtue de ses chairs qui s'y trouve dessous, *Planche IV*, *Figure* 4, on se convaincra que ce ne sont pas les rides, mais les altérations qui surviennent dans le système osseux qui sont les véritables marques de la décrépitude.

§. VII.

Pour appercevoir toute l'utilité de cette remarque, qu'on dessine de profil la tête de la *Pl. II, Fig.* 1, G H D C 4 K, avec l'oreille telle qu'on la voit dans la *Planche VI, Figure* 2.

Rendez plus grande la cavité G g h, au-dessus du nez. Otez les dents supérieurs, et la bouche D E s'élevera jusqu'à d e. Tirez ensuite de N la ligne facéale le long de g h O P. Après quoi posez une des pointes du compas sur l'apophyse articulaire A de la mâchoire inférieure, et tracez avec A C la ligne C c jusqu'à ce qu'elle coupe la ligne facéale en O.

Tirez de même la ligne B b de A; achevez le menton, et faites serrer la lèvre inférieure contre e d, et la tête de jeune homme se trouvera changée en celle d'un vieillard. Il faut porter aussi l'oreille M vers m.

Il est digne d'être observé que la peau des oreilles des personnes âgées devenant plus ample, cette partie de la tête s'allonge aussi davantage; mais je ne puis cependant indiquer tout cela à-la-fois dans le dessin que je donne ici.

§. VIII.

On peut faire cette même expérience en sens contraire, et former de la tête d'un vieillard celle d'un jeune homme. Pour avoir la tête d'un vieillard, il suffit de couvrir avec les doigts les lignes pointillées, et il faut les mettre sur la ligne pleine pour faire paroître celle d'un jeune homme.

CHAPITRE IV.

De la forme de la tête des Enfans vue de face.

§. I.

DANS la *Planche V* on trouve représenté de face les mêmes têtes d'enfans qu'on voit de profil dans les *Figures* 1 *et* 2 de la *Planche II*, et dont j'ai indiqué les proportions dans le *Premier Chapitre* de la *Seconde Partie*.

§. II.

CHEZ les enfans nouveaux nés, les yeux sont fort grands relativement aux orbites, *Fig.* 1; et ils sont assez éloignés l'un de l'autre; cependant la distance n'est pas assez grande pour qu'on y puisse placer entre d'eux un autre œil.

Le nez et la bouche sont de même remarquables; mais la tête que je donne ici (quoique la plupart de celles des Hollandois ayent la même forme) est fort plate, à cause que l'occiput M M est fort large. Les parties du visage s'accordent, dans leurs proportions, avec celles des enfans en général.

§. III.

LES yeux de l'enfant d'un an, *Figure* 2, sont encore d'une grandeur remarquable ; le bas du visage est plus long que celui du nouveau né, le front plus haut, et M M est extrêmement large, à cause de la foiblesse du système osseux. On s'apperçoit bien, sans doute, que ni l'un ni l'autre de ces visages n'offrent pas la moindre beauté.

Chez l'enfant d'un an, *Figure* 2, la hauteur de la tête est à sa largeur à côté des orbites des yeux A B : K K : : 20 : 12.

A B : M M : : 20 : 19.

A B : R R : : 40 : 19.

La largeur M M : K K : : 19 : 12, P O = $\frac{5}{4}$. Par conséquent quatre fois P O = 5, un moins que K K, si, comme cela est naturel, on fait les yeux plus grands que P O, c'est-à-dire, que 1 $\frac{1}{2}$; savoir, 4 X P O = 6. Les yeux doivent être encore plus grands ; de sorte que $\frac{2}{3}$ K K est égal à la distance des yeux, et les yeux mêmes = Z. K M -|-, K M est par conséquent égal à 3 $\frac{1}{2}$; largeur trop grande pour les têtes bien proportionnées ; mais le sujet dont je me suis servi étoit attaqué du rachitis, maladie dans laquelle la tête des enfans est toujours plus large.

Voila donc une preuve de ce que M. de Buffon avoit déja remarqué ; savoir, que non - seulement les influences du climat, mais aussi les maladies naturelles d'un pays, peuvent changer la conformation extérieure du corps.

§. I V.

Dans les *Figures* 3 *et* 4 j'ai fait pencher, comme dans les têtes des hommes faits, la ligne facéale S Z en avant de quatre-vingt-quinze à cent degrés. Pour trouver l'emplacement en-dedans du menton, j'ai pris Z D égal à U W ; la tête gagne par conséquent en hauteur U W = S T, et devient cependant plus courte.

D'après cette détermination, j'ai dessiné de même le visage vu de face, *Fig.* 5; alors A B devint = 11, et A G, divisé en deux parties A D, D G, donne la largeur Z D F, ce qui est la proportion moyenne entre M M et K K, *Figure* 2 (1).

La tête a par conséquent la largeur de quatre yeux, comme il faut qu'elle soit, et ne doit jamais avoir cinq yeux de large, ainsi que de Wit a représenté les têtes des enfans, et avant lui Albert Durer, qu'on a ensuite imité. Van Dyk a donné la largeur de cinq yeux à la tête de l'enfant Jésus.

Les têtes d'enfans de Quesnoy s'accordent parfaitement avec ce que je viens de dire; mais il faut que les orbites des yeux soient formés dans le profil des lignes droites A E; sans quoi ils sortent trop hors de la tête, ce qui nuit à sa beauté.

(1) La *Fig.* 5 n'est pas bien exacte ; car A C y est trop haut, et D F un peu trop étroit.

TROISIÈME

TROISIEME PARTIE.

CHAPITRE PREMIER.

De la Beauté, et particulièrement de celle de la tête.

§. I.

RIEN n'est plus difficile à déterminer que le Beau. Horace, qui a si supérieurement parlé de la beauté qui convient à la poésie, ne la décrit jamais d'une manière directe, mais toujours par des comparaisons. Despréaux et Pels, en rendant ces admirables leçons du chantre d'Auguste en françois et en hollandois, ont toujours développé leurs idées sur la beauté du style et de la poésie par des exemples de la beauté dans la peinture; de même que les peintres ont cherché à donner plus de relief à leur art par le secours de la poésie. Le poëte latin et les écrivains modernes conseillent bien de prendre les anciens pour modèles; cependant aucun d'eux ne me paroît avoir fait connoître la beauté par elle-même. Longin est celui qui, selon moi, a le mieux réussi à cet égard : il a parlé d'une manière fort méthodique de ce qui concerne le Beau et le Sublime, et ses préceptes sont développés par des exemples aussi lumineux que satisfaisans.

Sur la partie abstraite de la beauté, on peut consulter Crousas, Hutcheson et le Père André (1). L'ouvrage de Hutcheson est extrê-

(1) On peut consulter sur le Beau et sur les différens auteurs qui en ont traité

mement métaphysique, et celui du Père André fort instructif. M. Formey a placé une admirable préface à la tête du livre de ce dernier. Tous distinguent fort bien les différentes espèces de beauté; tous abondent en réflexions judicieuses; mais il n'y en a aucun qui fasse connoître, d'une manière précise, ce qui constitue l'essence de la beauté dans la figure humaine et dans les ouvrages d'architecture; et lors même qu'ils en parlent, ce n'est jamais que par la comparaison et l'application de quelque autre art. Dans la représentation de tous les sujets, tant d'histoire que d'imagination, même dans les simples groupes et dans les figures isolées, il faut distinguer la partie *poëtique* de la partie *physique*. La première a les mêmes règles que la poésie; la seconde a pour but la forme des objets, dont la beauté n'est pas facile à déterminer, ainsi que je le prouverai dans une dissertation particulière *sur la beauté des formes*. La beauté de la matière ne peut être connue que par une étude suivie.

Les philosophes ont été plus avant : ils ont cherché à faire connoître ce qui produit en nous l'idée de la beauté, et ce qui nous porte à l'aimer. Leurs raisonnemens sur ce sujet sont fort profonds sans doute, mais rien moins que satisfaisans. Le célèbre M. Burke a démontré clairement, dans son admirable *Traité du Sublime*, que tout ce qui réveille en nous le sentiment de la terreur ou de l'admiration est véritablement beau dans la nature et dans l'art; mais que le beau ne doit nullement son existence à de certaines règles de proportion.

---

les œuvres de Mengs, dont j'ai donné une traduction en deux volumes in-4°, qui se vend chez *Moutard*. C'est principalement à la page 155 et suivantes du tome 1, qu'on trouve une récapitulation de tout ce qui a été dit sur cette qualité de la matière. NOTE DU TTADUCTEUR.

§. I I.

Un beau ciel étoilé plaît à tout le monde ; la vue du lever du soleil, d'une mer calme, fait naître des sensations agréables ; et il n'y a personne qui refuse le nom de beau à ces spectacles. Une mer en fureur, agitée par des tempêtes, une épaisse forêt, la nuit même nous font éprouver l'effet du sublime, dont M. Burke nous a donné de si belles descriptions (1).

Cependant le beau n'est pas également visible dans tous les ouvrages de l'art ; plus il est composé, et moins il est facile de le saisir. Il faut connoître et sentir la beauté poétique, la beauté naturelle et la beauté des formes, pour posséder ce qu'on appele le bon goût, et pour juger de ce qu'il y a de sublime, de médiocre et de mauvais dans l'art.

On ne peut acquérir ces connoissances que par une étude opiniâtre et une contemplation raisonnée des chefs-d'œuvre de l'art, qu'on doit comparer attentivement les uns aux autres. Il faudroit qu'il y eut des maîtres chargés de faire appercevoir à la jeunesse ce que les artistes ont cherché à produire dans leurs ouvrages comme poëte, comme dessinateur et comme habile dans l'exécution. Il seroit nécessaire aussi qu'on leur fit connoître les moyens de corriger les fausses positions qui résultent des erreurs de l'optique. Tout cela demande trop de détails pour que je puisse m'en occuper ici. Mon principal but est de considérer la beauté des parties du corps hu-

(1) On peut consulter sur les causes du Sublime, et sur les effets qu'il produit sur notre ame, les *Réflexions sur le Sublime* de M. Beattie, dont j'ai donné une traduction dans mon *Recueil de pièces intéressantes concernant les Antiquités, les Beaux-Arts, les Belles-Lettres et la Philosophie, tome 1, p.* 166. Note du Traducteur.

main, et particulièrement celle de la tête. Je tâcherai seulement de faire comprendre pourquoi un homme dont la hauteur est de huit têtes, est plus beau que celui qui n'a que six têtes ou moins de hauteur. Tout le monde trouvera certainement qu'un Lappon est plus laid qu'un Persan ou qu'un Géorgien. Doit-on attribuer cette différence à ce que l'un n'a que cinq ou six têtes de hauteur, tandis que les autres en ont huit ?

Il faut convenir que cela ne peut pas dépendre des proportions des parties entr'elles, puisqu'un enfant de quatre ans ou de cinq têtes de haut nous paroît (proportion gardée) aussi beau qu'un homme fait de huit têtes de hauteur.

§. III.

On confond souvent le Gracieux avec le Beau. Il se pourroit que nous n'admirions dans un enfant que la morbidesse des chairs, et l'air de candeur et d'innocence de cet âge qui inspire tant d'intérêt; et que, comme tout le monde, en général, aime les enfans, on soit naturellement porté à donner à ces agrémens le nom de beauté. Il arrive souvent, comme on sait, que les formes des enfans ne nous paroissent pas belles, lorsque ce n'est qu'à ces formes seules que nous nous arrêtons.

§. IV.

Quelquefois la beauté n'est à nos yeux qu'un certain rapport symétrique, qu'une proportion convenable des parties entr'elles; par exemple, nous aimons à voir que nos jambes, à partir de l'os pubis, forment la moitié de tout notre corps; que la tête en soit une huitième partie, le visage une dixième et le pied une sixième.

Il n'y a personne qui nie que les têtes de l'Apollon du Belvédère, de la Vénus de Médicis, et du Laocoon ne soient belles, et qui ne les préfère à celles de nos plus beaux individus de l'un et de l'autre sexe. Si l'on demande à quoi il faut attribuer cette différence? Je répondrai qu'elle vient peut-être de ce que les yeux des figures antiques se trouvent placés *exactement au milieu de la tête*; ce qui n'a jamais lieu chez nous.

La largeur de deux nez, c'est-à-dire, de la moitié de la tête, pour la largeur de la joue, savoir, du nez jusqu'à l'oreille, ainsi que les anciens ont fait cette partie, nous plait; et nous critiquons les artistes qui ont rendu cette distance plus grande.

Si le beau est quelque chose de réel, qui ne dépend point de notre calcul, et s'il est certain, comme je l'ai déja dit, qu'il existe par lui-même, et qu'il est immuable, il doit s'ensuivre qu'il ne peut avoir lieu sans que les parties ayent entr'elles un certain rapport, et qu'elles soient soumises à des proportions déterminées.

Par conséquent les statues antiques ne nous paroissent pas belles, parce que nous sommes accoutumés à trouver beau tout ce qui nous vient des anciens; mais parce que les maîtres de ces chefs-d'œuvre ont su corriger les défauts qui résultent de notre manière ordinaire de voir les objets; par exemple :

Supposons que A B soit une superficie plane, qu'on voie de manière que la distance de l'œil soit toujours égale en E G ou D, de sorte que E C = G H = D B = A B, la hauteur de la superficie; alors l'angle visuel sera toujours plus grand en E qu'en G ou en D. Voyez la *Planche X.*

Comme on mesure les objets d'après l'angle visuel, la superficie paroîtra le plus haut dans le seul cas où le rayon visuel E C formera un angle droit avec le plan même; de sorte que E C A et E C B seront égaux, c'est-à-dire, rectangulaires. Dans ce cas, l'angle visuel A E B sera le plus grand angle.

Si l'on suppose que l'œil soit placé en G, alors l'angle en A G B deviendra plus petit, à mesure que les rayons A C, A H, A B, deviendront plus grands; A D B devenant = ½ angle droit de 45 degrés.

Mais comme les sécantes deviennent aussi proportionnellement plus grandes, il faut que les angles visuels perdent de cette longueur en raison inverse. C'est-à-dire, que E A B, G A B, D A B, doivent proportionnellement devenir plus petits, jusqu'à ce que la sécante A D allant à l'infini, l'angle D A B devienne = o, c'est-à-dire, que D A tombe en A B.

Il n'y a donc qu'un point en E dans lequel la superficie se présente d'une manière bien quadrangulaire. Supposons maintenant que l'œil se lève le long de D F, au-dessus d'E, vers F, ou qu'il descende vers D, alors A E B devient plus petit, et par conséquent le côté vertical paroît moins haut que large.

D'où il suit que, pour que la hauteur paroisse égale à la largeur, il faut que l'angle A D B, ou a D B, soit = A E B; c'est-à-dire, que A B doit avoir la longueur de a B, ou bien que la superficie A B, dont la largeur égale est comptée à huit pieds en D B, doit être augmentée comme a B, c'est-à-dire, jusqu'à 10 $\frac{3}{5}$ pieds.

Or, comme on peut supposer que la tête est composée de carrés, ainsi que la figure entière, il est certain que la même faute doit être corrigée dans toute la physionomie de cette manière.

Si, par exemple, on vouloit comparer A B, partagé en huit parties égales, à une statue posée sur un piédestal, de manière que la hauteur du spectateur en D fut égale avec son bord d'en haut, ces huit parties égales se présenteroient à l'œil sous les angles visuels que voici :

A 1.	La partie supérieure ou la tête, sous un angle de.	3°. 48' : 50''.
1. 2.	La seconde partie d'en haut, sous un angle de.	4. 18 : 58.
2. 3.	La troisième partie, sous un angle de. .	4. 51 : 52.
3. 4.	La quatrième partie, sous un angle de. .	5. 26 : 27.
4. 5.	La cinquième partie, sous un angle de. .	6. 0 : 31.
5. 6.	La sixième partie, sous un angle de. . .	6. 31 : 12.
6. 7.	La septième partie, sous un angle de. .	6. 54 : 40.
7. 8.	La huitième partie, sous un angle de. . .	7. 7 : 30.

Ce qui prouve que la tête paroît presque de la moitié plus petite que la partie d'en bas avec les pieds.

§. V.

VOILA pourquoi les anciens ont donné quelquefois plus de huit têtes de hauteur à leurs figures. L'Apollon Pythien en a huit et demie. Il semble que la beauté ne devroit pas admettre cette différence, sans paroître difforme à nos yeux.

Si les statues étoient toujours placées à terre, et que nous les vissions dans cette position, on pourroit conjecturer qu'il seroit possible de suppléer dans l'esprit à ce raccourci des parties d'en bas, et que les statues ne paroîtroient avoir que huit têtes de hauteur, quoiqu'elles en eussent réellement davantage ; mais lorsque les statues sont placées sur des piédestaux ou dans des niches, il est absolument nécessaire qu'elles ayent plus de huit têtes ; parce que, dans cette position, les parties d'en haut deviennent plus courtes, ainsi que je viens de le démontrer.

Vitruve paroît avoir trouvé les proportions de la figure humaine si belles, que, *Livre* 1, *ch.* 1, *pag.* 79, il prétend qu'un édifice ne peut passer pour beau, si l'on n'y trouve point les mêmes dimensions que dans un homme bien fait. Il a déterminé les proportions de tout le corps et de ses différentes parties; proportions qui ont été adoptées par la plupart des artistes, et particulièrement par Albert Durer, Lomazzo, Karl Van Mander. Hoogstraaten semble n'avoir pris que sept têtes et demie; ce qui diffère d'une tête entière avec l'Apollon du Belvédère.

De Wit a donné huit têtes, non-seulement aux figures qu'il a inventées lui-même, mais aussi à celles de la Vénus de Médicis (quoiqu'il y ait fait quelque changement), de l'Apollon Pythien, ainsi que de l'Hercule Farnèse. Si je ne me trompe, toutes ces figures ont quelque chose de lourd, qu'on ne trouve jamais dans ses tableaux ni dans ses dessins.

La figure de femme de la gravure qui sert de titre au *Livre de dessin* de ce maître a environ neuf têtes de hauteur; il semble qu'il n'a cherché à donner de la beauté qu'à la tête seule de cette figure.

Rubens a fait quelquefois ses figures de huit têtes, mais, en général, elles n'en ont que sept, ce qui leur donne cette lourdeur qu'on remarque dans tous ses ouvrages.

P. Testa a donné tantôt huit têtes, et tantôt huit têtes et demie à ses figures. Bloemaard, qui est le maître dont les ouvrages sont généralement mis entre les mains de la jeunesse, en Hollande, pour apprendre le dessin, est extrêmement irrégulier dans la hauteur de ses figures, qui tantôt n'ont que sept têtes et tantôt en ont jusqu'à dix.

Karl Van Mander dit que parmi les figures de Michel-Ange, il en a trouvé qui avoient neuf, dix, et jusqu'à douze têtes de hauteur; ce que ce grand artiste a fait pour leur donner de la grace dans les mouvemens

mouvemens du corps. Le Coriolan exécuté en ivoire par Michel-Ange, qui se trouvoit dans le cabinet de feu M. Hemsterhuis, est haut de huit têtes et demie sur deux de largeur. Cette figure a huit pouces et un quart de hauteur, en y comprenant les plumes qui ombragent la tête.

Il me semble que la plupart des maîtres italiens ont fait leurs figures trop courtes, particulièrement celles de femmes. La plupart des artistes françois donnent plus de grace à leurs figures de femmes, et les rendent plus sveltes, en les faisant de huit têtes. C'est Watteau qui, le premier, en a donné l'exemple. Il est probable que nos femmes ne font usage de souliers à grands talons que pour avoir la taille plus haute.

La proportion de huit plait à cause qu'elle comprend deux fois le tronc; de même qu'une porte ne fait plaisir à la vue que lorsqu'elle a deux fois sa largeur de haut. Les François font quelquefois les portes plus hautes; proportion qui a quelque chose de gracieux, sans que cela nuise à la beauté. C'est sans doute par la même raison que les colonnes de l'ordre corinthien nous plaisent davantage que celles de l'ordre ionique. La colonne corinthienne à 8 $\frac{1}{2}$ fois la hauteur de son chapiteau, qui peut en être regardé comme la tête.

§. V I.

Comme les Lappons, les Tartares, les Hottentots, les Brésiliens, ont la tête trop forte relativement à la grandeur de leur stature en général, il est impossible que la vue de ces peuples nous fasse quelque plaisir, et que nous y trouvions la moindre beauté; de même qu'on ne peut regarder comme belles les proportions des colonnes de l'ordre dorique dans l'origine de l'architecture. En lisant avec attention les réflexions savantes de M. le Roi sur les progrès de l'architecture, on trouvera que les fûts des colonnes ont été rendus successivement plus élancés; ensuite on leur a donné des soubassemens, et enfin des chapiteaux; de sorte qu'avec ces deux accessoires les colonnes ont pris les proportions du corps humain (1).

Mais retournons à notre objet, et bornons pour le moment nos recherches à ce qui regarde la tête de l'homme, tant des individus de ce pays que de ceux des autres peuples.

CHAPITRE II.

Des proportions des têtes des Hollandois et d'autres peuples. Comparaison de ces proportions avec celles des têtes des statues antiques vues de profil.

§. I.

Afin de pouvoir juger avec plus de certitude de la beauté des têtes, je joindrai ici une table des proportions, telles que je les ai trouvées dans les plus belles têtes. J'en ai partagé les hauteurs en quatre parties, pour qu'on puisse mieux en appercevoir les longueurs. Comme j'ai placé à toutes les mêmes lettres, il sera facile d'en remarquer les différences.

(1) M. le Roi, dans sa *Description des anciens monumens de la Grèce*, donne trois époques différentes aux colonnes de l'ordre dorique; savoir, le plus ancien tems, dont les colonnes n'ont pas au-delà de quatre diamètres de hauteur, comme celles du temple de Corinthe; celles du second tems, telles que celles du temple de Thésée et de celui de Pallas à Athènes; et celles du troisième, telles que celles du temple d'Auguste de la même ville, qui ont six diamètres de hauteur. Ce sont là les modèles qu'il cite de ces différens styles, et qui lui servent d'objets de comparaison pour tout ce qu'il a vu et connu de monumens et de colonnes de l'ordre dorique en Italie. Suivant Winkelmann, (*Recherches sur l'Architecture des anciens*) on peut y joindre un quatrième tems de cet ordre, qu'on trouve à un portail de quatre colonnes de travertin d'un temple à Cori, dans la campagne de Rome, à quatre milles d'Italie de Vélétri. Note du Traducteur.

TABLEAU

Des Proportions de toutes les espèces de têtes vues de profil (1).

	Hauteur. a. d.	Largeur a. b.	Distance de l'œil du sommet de la tête a. m.	Largeur h. k.	Nez.	Lèvre supérieure.	Menton.	Cou.	Oreille
Calmuque.	4	$4\frac{5}{8}$	$1\frac{7}{8}$	$2\frac{1}{2}$	1	$\frac{5}{8}$	$\frac{9}{10}$		$1\frac{1}{16}$
Nègre.	4	$4\frac{6}{8}$	$1\frac{7}{8}$	$2\frac{1}{4}$	$\frac{6}{8}$	$\frac{5}{8}$	$\frac{7}{8}$		1
Européen.	4	$3\frac{6}{8}$	$1\frac{6}{8}$	$2\frac{3}{8}$	$1\frac{1}{8}$	$\frac{5}{8}$	1	$1\frac{1}{2}$	$1\frac{1}{8}$
Antique.	4	$3\frac{4}{8}$	2	2	1	$\frac{1}{3}$	$\frac{2}{3}$	$1\frac{1}{4}$	1
Enf. nouv. né.	4	$4\frac{1}{6}$	$2\frac{1}{2}$	$2\frac{1}{4}$	$\frac{5}{8}$	$\frac{5}{8}$	$\frac{1}{2}$		1
Enf. d'un an.	4	$4\frac{6}{8}$	$2\frac{1}{8}$	$2\frac{1}{4}$	$\frac{7}{8}$	$\frac{1}{8}$	$\frac{5}{8}$		1
Vieillard.	4	$4\frac{1}{2}$	$1\frac{7}{8}$	3	$1\frac{1}{8}$	$\frac{3}{8}$	$\frac{1}{2}$	$1\frac{1}{2}$	$1\frac{1}{8}$
Apollon.	4		2	$2\frac{1}{4}$	1	$\frac{1}{3}$	$\frac{2}{3}$	$1\frac{1}{2}$	
De Wit.	4	$3\frac{1}{2}$	2	$2\frac{1}{4}$	1	$\frac{1}{3}$	$\frac{2}{3}$	$1\frac{1}{2}$	$1\frac{1}{8}$
Alb. Durer.								$1\frac{1}{2}$ à 2	
Vitruve.	4				1				

(1) L'Auteur s'étoit proposé de donner également ici les proportions de la tête du Hottentot, du Chinois, etc., et d'indiquer dans toutes les têtes la distance du menton jusqu'à l'origine du col *d n*, (Voy. la *Pl. II*, *Fig.* 2, et *Pl. VIII*, *g n*), mais il n'a pas exécuté cette idée.

Par cette table, il paroît que les anciens ont gardé une certaine proportion moyenne : par exemple, on trouve de la pointe du nez jusqu'à l'oreille, chez le Calmuque $2\frac{4}{8}$, chez l'Européen $2\frac{3}{8}$, et dans l'Apollon $2\frac{2}{8}$.

Quant au menton, les rapports sont $\frac{9}{10}$, $\frac{8}{8}$, $\frac{2}{8}$.

§. II.

La beauté du visage consiste donc dans le rapport régulier que les traits ont les uns avec les autres, comme 1 : 4, 1 : 3, et autres semblables ; cependant cela dépend uniquement de l'habitude d'avoir vu toujours ce même rapport des parties. A cela, il faut joindre un certain développement ; par exemple, le visage, vu de profil, ne doit pas avoir (comme on le voit chez les Calmuques et chez les Nègres) plus de largeur que de hauteur, ni même (comme cela a lieu chez nous) être aussi long que haut. Cette quadrature donne une forme plate à la tête, comme à tous les carrés, lesquels, quoique d'un carré parfait, paroissent toujours plus larges que hauts.

Les anciens ont remédié à ce défaut, en faisant les têtes plus hautes et en leur donnant moins de profondeur, c'est-à-dire, de largeur sur les côtés.

§. III.

Lorsqu'on regarde les visages de ces mêmes têtes de face, ainsi que je les ai représentées dans les *quatre Figures* de la *Pl. III*, on y trouve une fort grande différence.

Car la plus grande largeur de la tête du Nègre est égal $\frac{3}{4}$ de toute sa hauteur, ou 3 ; et les mâchoires M N $= 2\frac{5}{8}$.

Chez le Calmuque les mâchoires M N $= 3$.

Chez l'Européen . . . . $2\frac{6}{8}$.

Dans l'Antique . . . . $2\frac{4}{8}$.

P O, toute la largeur de la tête du Nègre est = 3.
Chez le Calmuque . . . . 3.
Chez l'Européen. . . . . 3 $\frac{3}{8}$.
Dans l'Antique . . . . 2 $\frac{1}{2}$.

D'où il suit que les têtes antiques ne sont pas seulement plus hautes, mais aussi moins larges à l'occiput ; c'est-à-dire, que leur moindre largeur se trouve en P O.

§. I V.

Il paroît clairement par la conformation des orbites des yeux, que les temples ne peuvent jamais être plus larges que ne l'est le système osseux de la tête, si ce n'est de l'épaisseur de la peau, etc.

X W est donc chez le Nègre, comme 2 $\frac{1}{8}$.
Chez le Calmuque, comme 2 $\frac{1}{2}$.
Chez l'Européen, comme 2 $\frac{1}{3}$.
Dans l'Antique, comme 2.

Si l'on veut juger de la grandeur des yeux, il est certain que X W doit être divisé en trois parties, savoir, dans l'intérieur des orbites; alors il reste pour X P + W O seulement $\frac{1}{4}$ de toute la largeur de P O.

§. V.

Tous ceux qui ont écrit sur les proportions, tels qu'Albert Durer, de Wit, etc., donnent à toute la largeur de la tête cinq yeux. Albert Durer (*page* 65) en donne six aux têtes des enfans. Je trouve cependant que la tête ne peut pas être si large; car mon propre œil est long de 1 $\frac{3}{8}$, et X W = 4 $\frac{1}{8}$; ainsi mon œil est à toute la largeur de ma tête comme 11 : 33 : : ou 1 : 3. Joignons à cela Z W O, et nous aurons Y z : P O : : 1 : 4.

Les anciens n'ont jamais suivi d'autre règle ; et cela s'accorde aussi parfaitement avec nos têtes. Chez nous, les yeux ne sont pas tout-à-fait éloignés l'un de l'autre de la longueur d'un œil. Chez les Nègres, ils sont un peu plus rapprochés; et chez le Calmuque, ils le sont encore bien davantage.

Chez les enfans même je trouve la distance d'un orbite de l'œil à l'autre, P O, *Pl. V.* (dans la *Pl. III.* Y Z) égal à $\frac{1}{3}$ de C K; et quoique la tête de l'enfant, *Fig.* 2, *Planche V*, soit large de cinq yeux, il n'y a personne qui ne trouve plus belle la *Figure* 5, dans laquelle D F est égal à deux yeux. Aussi tous les peintres se sont-ils trouvés embarrassés à déterminer cette largeur, comme cela paroît par de Wit, de même que par Albert Durer et le Brun, dont le dernier a également suivi cette proportion.

Le célèbre Quesnoy a été plus sage, et a mieux réussi, en ne donnant que quatre yeux de largeur à toute la tête. Je crois avoir observé la même chose dans les figures d'enfans de P. Testa.

§. VI.

Les nez suivent la distance des apophyses de la mâchoire supérieure E F dans la *Pl. III.* Plus E F est large, plus aussi le nez doit nécessairement avoir de largeur. La difformité des têtes de Nègres provient de ce que le triangle C Z R forme un angle fort obtus. Chez nous le nez est, en général, plus large que la distance des yeux. Les anciens ont donné la même mesure à l'un et à l'autre.

§. VII.

Il faut (comme je l'ai fait voir (1)), que la bouche couvre au moins les dents incisives; que par conséquent il soit plus large à

(1) *Paragraphe* 10, *Chap. III*, *et Paragraphe* 2, *Chap. V*, *Première Partie.*

proportion que ces dents sont placées plus loin les unes des autres. En supposant même cette distance égale ; c'est-à-dire, que Q R = Q R, *Figures* 4 *et* 5, *Planche III*, la bouche paroîtra cependant plus petite lorsqu'on agrandira Y Z.

Dans l'Antique, la bouche est plus petite, parce que le menton y est plus pointu qu'on ne le trouve chez nous. Les anciens ont seulement fait la bouche un peu plus grande que Y Z, en rétrécissant le nez.

L'inclinaison en avant du nez fait paroître la lèvre supérieure plus petite ; voilà pourquoi elle relève davantage et a plus de grace ; le contraire se voit chez le Nègre et chez le Calmuque.

§. VIII.

Les anciens ont donné au cou deux fois la longueur du nez ; dans l'Apollon cette partie est comme 1 $\frac{1}{2}$ nez ; mais comme le nez est plus grand, le cou devient nécessairement plus long de lui-même.

De Wit a fait le cou des enfans comme un tiers du nez. Quesnoy lui a donné plus de longueur, savoir, à-peu-près celle d'un nez. Aussi faut-il convenir que De Wit s'est trompé, en ce qu'il n'a pas donné aux enfans un double menton ; ce qui a néanmoins toujours lieu à cet âge ; de sorte que le côté du menton est égal à $\frac{1}{4}$ ou à un nez.

CHAPITRE III.

De quelle manière il faut chercher les proportions de la tête.

§. I.

LA plupart des peintres et des dessinateurs, qui traitent des proportions dans leurs écrits, ne prennent pour autorité chez les anciens que Vitruve, et Albert Durer chez les modernes. Ils fondent leurs principes sur l'exemple que leur en offrent les statues antiques, sans se donner la peine d'en appliquer la mesure à notre corps, ou à quelqu'une de ses parties.

Les peintres de portraits de nos jours, du moins le plus grand nombre d'entr'eux, tracent sur la toile un ovale avant même que la personne qu'ils doivent peindre se soit présentée à leurs regards; ils y mettent la croix, en partagent la hauteur en quatre nez, la largeur en cinq yeux; et c'est sur cette division qu'ils peignent la tête de leur sujet, dont ils prétendent attraper la ressemblance, quelque différentes que puissent être les proportions de leur visage.

Je ne prétend pas qu'on doive imiter la manière d'un certain maître, (laquelle, comme je l'ai vu, a eu un très-mauvais succès) de soumettre à la mesure du compas toutes les parties du visage, même jusqu'aux boucles des cheveux; car il est d'ailleurs impossible de transporter cette mesure sur la toile, parce que chaque partie en elle-même offre des superficies planes qui doivent toutes être appliquées sur un seul et même plan. Au reste, cette mesure ne sauroit se faire avec un compas à jambes droites, mais devroit s'exécuter avec un compas courbe. Je pense seulement qu'un bon peintre ou

un

un bon dessinateur doit employer les vrais principes de son art; c'est-à-dire, qu'il faut qu'il observe la boîte osseuse des têtes suivant les différens peuples qu'il peut avoir à représenter; afin de ne point tracer l'ovale ou quelque autre figure d'après sa seule imagination, mais d'après ce que lui offrira son modèle même.

Peut-être ne feroit-on pas mal de se servir de la plus ancienne manière connue de dessiner les objets, dont Pline fait honneur à la fille de Dibutade de Sicyone (1); qu'on employe de nos jours comme un amusement; c'est-à-dire, de dessiner les têtes de profil, *à la Silhouette*, afin d'obtenir, par ce moyen, l'exacte division et le juste emplacement des yeux, du nez, de la bouche et du menton.

Mais je reviens à mon objet. Il faut prendre les proportions d'après plusieurs milliers d'individus; on doit suivre l'exemple de Zeuxis; il est nécessaire de faire un choix de ce qu'on peut trouver de plus beau dans un nombre infini d'hommes, pour parvenir, par ce moyen, aux proportions les plus élégantes et au plus bel ensemble.

§. II.

Comme c'étoit le squelette du corps humain, en général, et la tête décharnée en particulier, qui devoient principalement servir à me conduire à mon but, je me suis appliqué à dessiner avec soin la tête revêtue de ses chairs, ainsi que sa boîte osseuse, pour y appliquer ensuite les parties tendres ou charnues. J'ai évité la morbidesse, parce qu'elle auroit contrarié le but que je m'étois proposé; quoique mes figures eussent acquis par-là beaucoup plus de grace et de beauté.

Il y a dans tous les visages certaines parties qui se présentent tou-

(1) Pline, *Liv. XXXV, ch. 12.*

jours, et qui ne sont jamais assez couvertes pour ne pas être visibles; tels sont, par exemple, les bords orbitaires des yeux; la pomette de la joue Q, *Planche* 1, *Figures* 3 *et* 4, et H, *Pl. V*, *Figures* 3 *et* 4; la partie bombée au-dessus du nez, et la chûte qui s'y trouve dessous; la bosse du nez même ou l'extrémité de l'os de cette partie L, *Planche IV*, *Figures* 1, 2, 3, 4.

A la mâchoire inférieure, près du menton, et son angle antérieur, les mêmes parties se font constamment remarquer d'une manière distincte; il en est de même des temples à côté des orbites des yeux, qui déterminent constamment la largeur du visage.

Le trou ou conduit auditif assigne une place certaine à l'oreille; le lobe de l'oreille doit se trouver au-dessous de ce trou, comme il faut que l'oreille même s'y trouve placée au-dessus.

La boîte osseuse n'est revêtue que de peau et de graisse; ce qui prouve que la forme de cette boîte osseuse est ce qui peut seul servir à faire dessiner la tête avec précision et exactitude.

§. III.

C'est en suivant ce procédé que je suis parvenu à obtenir le profil de la tête moderne, *Planche II*, *Figure* 1, laquelle a beaucoup de rapport avec plusieurs profils de belles têtes que j'ai eu occasion de voir en disséquant des cadavres, et que j'ai sciées par le milieu, sur leur longueur, pour en obtenir le véritable profil. J'ai dessiné sur un plateau de verre, avec une plume et de l'encre épaisse, quelques-unes de ces têtes. Ensuite, j'ai calqué ces profils sur du papier vernis; et de cette manière, j'ai formé une bonne collection de pareils morceaux pour mon usage particulier dans l'anatomie, et que j'ai fait servir également pour cette dissertation.

Cette manière est beaucoup meilleure (quand on a soin de faire tomber le rayon visuel rectangulairement sur chaque point de l'objet) que ne peut l'être celle de dessiner *à la Silhouette*, au moyen d'une chandelle ou d'une lampe; à cause que les rayons de lumière, partant tous d'un même point, se divergent à l'infini. D'un autre côté, la nature morte perd auprès de la nature animée, et ce qui est divisé n'a pas le même mérite que ce qui est intacte et entier.

Voyant que la ligne facéale oblique, M G, *Planche II, Figure* 1, tomboit en arrière, et formoit un angle de quatre-vingts degrés avec N D, j'ai conservé dans la *Figure* 2 toutes les proportions des mâchoires supérieure et inférieure, et j'ai rendu verticale la ligne M G; c'est-à-dire, qu'elle formoit l'angle M N D = 90 degrés; par conséquent un angle droit (1).

Toutes les parties de la première tête, *Pl. II*, qui touchent à la ligne facéale, comme N, G, I, T, y touchent également dans la seconde. Le crâne a conservé sa cavité; c'est-à-dire que I D = T D, *Pl. II*, *Figure* 2. Il faut nécessairement que par-là C D devienne d'autant plus petit que M E acquiert plus de grandeur; C D est maintenant plus petit que U C, qui est beaucoup plus grand dans la première représentation; cependant la hauteur E C est augmentée de E Y. Sur cette boîte osseuse, j'ai dessiné de nouveau un visage; mais celui-ci n'est pas aussi agréable que le premier.

Ensuite, j'ai, dans la *Planche II, Figure* 3, fait incliner M G de cinq degrés de plus en avant; de sorte que M N D forme un angle de quatre-vingt-quinze degrés; tout le reste est de même qu'au-

(1) Albinus prend cette ligne à 90 degrés; Albert Durer la met dans l'homme à 88 degrés, *page* 49; dans la femme à 96 degrés, *page* 58, et de même dans l'enfant, *page* 64. De Wit l'établit pour les femmes à 100 degrés, *Planche XI*; pour l'Apollon à 94 degrés, *Planche XII*; pour l'homme à 92 degrés; et pour l'enfant à 96 degrés, *Planche X*.

paravant. C D est devenu par-là encore plus petit, et C E plus grand; c'est-à-dire, que E Y est = H M, l'inclinaison hors de la ligne H G.

La mâchoire inférieure est plus petite, et se trouve davantage sous l'oreille; cependant h k conserve toujours la longueur de deux nez; et le cou acquiert plus de grace. Enfin, j'ai fait incliner M G, *Fig.* 4, jusqu'à cent degrés; et par là j'ai gagné la hauteur de E Y = H M, par où la ligne m 2 qui traverse les yeux, passe exactement par le milieu; de sorte qu'on obtient une proportion égale à celle de l'Antique; savoir, une tête de quatre nez de long, et dont toutes les autres parties sont dans le même rapport. Il faut prendre garde que le rebord extérieur de l'orbite de l'œil *m* doit toujours conserver sa même distance de H G dans les trois dernières Figures.

§. I V.

CETTE inclinaison est le *maximum* ou le dernier degré; car lorsque la ligne tombe davantage en avant, E Y devient alors plus grand, et la tête acquiert au-delà de quatre nez de longueur, la lèvre paroît trop petite, et le visage est difforme.

Si l'on demande ce qu'il faut pour faire une belle tête? je répondrai qu'il faut que la ligne facéale M G forme un angle de cent degrés avec l'horizon. Les anciens Grecs ont de même choisi cette ligne. Si c'est d'après les mêmes principes que ceux que j'ai employés qu'ils sont parvenus à cette parfaite harmonie des parties; voilà ce que je ne puis assurer. Mais il est certain que la nature ne produit point de pareilles têtes; et je suis persuadé que les Grecs n'en ont jamais trouvées de semblables dans les individus de leur nation; car ni les Égyptiens, dont il est probable qu'ils descendoient, ni les Perses, ni les Grecs eux-mêmes, n'ont jamais représenté des physionomies de cette beauté sur leurs médailles, quand ils y ont mis des figures de portraits. Voyez la tête de Jule César et celle de Pharnace dans la *Planche IX, Figures 4 et 5.*

Le beau dans les ouvrages antiques n'a donc pas été pris dans la nature, mais est purement idéal, ainsi que le remarque Winkelmann; de sorte que quand les artistes grecs ont représenté sur les médailles des empereurs romains, ils y ont toujours ajouté quelque chose du beau idéal, quoiqu'ils fussent d'ailleurs obligés de conserver la ressemblance. C'est à cette marque qu'un connoisseur distingue facilement une médaille romaine d'une médaille grecque. Nulle part on ne trouve ce caractère mieux indiqué que dans le *Museum Odescalcum* : non-seulement le visage de femmes, mais les masques mêmes y indiquent distinctement cette ligne de la beauté.

§. V.

Comme il y a un *maximum* ou un extrême d'un côté, il y a également un *minimum* ou extrême dans le sens inverse. Du moment qu'on arrive à soixante-dix degrés, on obtient un visage de Nègre; en allant plus loin, on voit paroître une tête de Singe; et aussi-tôt que la ligne M G se confond avec N D, c'est-à-dire, que l'angle devient = o, on a une parfaite tête de Chien.

§. VI.

Les extrêmes pour la ligne facéale de l'Européen s'arrêtent à dix degrés derrière, et à dix degrés devant la ligne verticale H J; et tout ce qui va au-delà n'est plus ni beau ni gracieux, mais difforme. Le Nègre a également sa beauté, et même son *maximum* et *minimum*, sans que j'ose néanmoins déterminer ces extrêmes; parce que je ne possède pas moi-même un assez grand nombre de têtes décharnées de cette race d'hommes, et que je n'ai pas eu l'occasion d'en examiner ailleurs. Cependant leur ligne facéale ne doit pas incliner au-delà de cinq degrés, c'est-à-dire, jusqu'à soixante-cinq degrés; sans quoi la physionomie ressembleroit à celle du Singe.

Il ne faut pas non plus que la ligne facéale du Singe tombe trop en arrière, sinon le Singe ressemblera au Chien; et ainsi de suite.

§. VII.

J'ai observé que chez tous les quadrupèdes les genres et les espèces sont déterminés et fixés par l'emplacement de la mâchoire supérieure, immédiatement au-dessus, ou obliquement au-dessous de la partie antérieure du crâne. J'ai dessiné sur une même ligne plusieurs têtes d'animaux, et j'en ai tiré des conclusions qui pourroient être non-seulement d'une grande utilité pour l'étude de l'histoire naturelle, mais qui me paroissent aussi devoir offrir un grand avantage pour les peintres. Je ne puis cependant m'occuper pour le moment de cette matière, laquelle demanderoit un volume entier pour la bien traiter.

§. VIII.

Ce que j'ai dit des hommes faits peut s'appliquer de même aux enfans.

Dans la *Planche II*, j'ai dessiné les têtes telles qu'elles se trouvent dans la nature. Lorsque la ligne facéale approche de la perpendiculaire, ces têtes ne sont plus ni belles ni agréables.

La *Figure 4* de la *Planche V* est sans contredit la plus belle, quoique l'œil n'y soit pas placé au milieu. C'est le bord supérieur de l'orbite qui se trouve assez proche du milieu de la tête; ce qui s'accorde avec la disposition que J. de Wit a adoptée d'après Quesnoy, dit le Flamand. L'occiput est seulement trop long; mais il m'a été impossible de trouver des règles pour ces proportions dans de si jeunes enfans. A l'âge de trois ou quatre ans, la mâchoire s'allonge visiblement par en bas, et l'occiput devient moins grand. Je crois cependant qu'il est permis d'obvier à cette espèce de difformité, d'autant plus qu'il me semble que les têtes des enfans sont plus longues en Hollande que dans d'autres pays.

Lorsqu'on fait incliner davantage en avant la ligne facéale S Z, le crâne devient trop haut, et toute la tête se trouve difforme. Les extrêmes sont donc chez les enfans, comme chez les hommes faits, de cent et de quatre-vingts degrés.

§. I X.

Relativement à la bouche, il faut observer que, comme les enfans n'ont point de dents ni de rebords proéminens dans la mâchoire supérieure ou inférieure, la langue ne reste qu'avec peine entièrement dans la bouche. Voilà ce qui fait qu'ils tiennent la mâchoire inférieure presque toujours baissée; c'est-à-dire, qu'ils ne la serrent pas contre la mâchoire supérieure; et de là vient que le bas du visage D B, *Fig.* 4, *Planche V*, prend une forme oblique X E B, *Figure* 4. Joignez à cela que la mâchoire inférieure est plus courte que la supérieure, et que, ne formant point encore un grand angle avec la partie postérieure en K, *Pl. IV*, *Fig.* 3, la bouche doit s'ouvrir plus vîte et plus largement. J demeure par conséquent le centre duquel on détermine toujours, avec le rayon X E, le point B ou l'extrémité d'en bas du menton. Quesnoy a fort bien observé ceci, et a rendu dans toutes ses figures d'enfans la partie D B fort longue. Voyez *Figure* 4 de la *Planche V*.

Le double menton devient aussi par-là plus fort, le cou plus court, et tout, en général, acquiert plus de grace. De Wit, aucontraire, n'a pris que ¼ de la hauteur depuis le bas du nez jusque dessous le menton. Voilà pourquoi il a souvent fait la bouche des enfans fermée; ce qui est cause qu'ils ont moins de grace que ceux de Quesnoy. Et véritablement cette partie est beaucoup plus grande dans tous les enfans qu'elle n'est représentée par de Wit (1).

§. X.

Chez la plupart des hommes, les oreilles ont la même longueur que le nez; c'est-à-dire ¼ de toute la hauteur de la tête. Rarement elles se trouvent au-dessus de la ligne centrale, et le lobe en descend, en général, plus bas que la ligne du nez. Albert Durer a fait à-peu-près de cette grandeur le nez des adultes. De Wit l'a fait plus grand encore, et sans y prêter la moindre attention.

Chez lui, *Planche XII*, le bas de l'oreille se trouve d'égalité avec le nez, et le haut avec les rebords orbitaires; elle forme par conséquent plus d'un quart de la tête. Dans les *Figures* 5 *et* 6 de la même *Planche*, les lobes des oreilles ne descendent pas si bas. En général, de Wit a placé trop haut les oreilles, et particulièrement les trous auditifs, desquels, comme je l'ai démontré, l'emplacement est invariable, et se trouve toujours sur la même ligne que le bas du nez.

Ce même défaut se remarque chez Albert Durer et chez tous ceux qui l'ont suivi. En attendant, on peut se convaincre de la vérité de mes observations par l'exacte représentation de la boîte osseuse,

(1) Les figures des têtes d'enfans chez Preisler, *Troisième Partie, Pl. I*, qu'il a pris d'Albert Durer, ont les mêmes défauts que ceux de ces derniers; ce sont des traits de physionomies de jeunes enfans adaptés à des têtes d'hommes faits; parce que le menton est trop proéminent et trop long.

publiée par Eustache, dans laquelle le conduit auditif se voit sur la même ligne que le nez.

Il s'agit ensuite de la manière dont on déterminera la largeur de l'oreille. De Wit l'a toujours fait beaucoup trop étroite; de sorte que la largeur, comme dans la *Fig.* 1 de sa *Planche XII*, forme tantôt $\frac{2}{5}$, quelquefois environ $\frac{1}{4}$, comme dans la *Figure* 5, *Planche XI*. Les anciens ont presque constamment évité de laisser l'oreille à découvert; et il faut convenir qu'ils n'avoient pas tort, car sa forme n'offre rien d'agréable. La conque, l'ourlet, le lobe, et les autres parties proéminentes sont trop petites pour qu'elles puissent jamais être mises en comparaison avec la face entière.

Il convient par conséquent d'en couvrir la partie supérieure, et de n'en faire voir que le lobe. Il est cependant quelquefois nécessaire de montrer l'oreille entière; et dans ce cas, on peut prendre la moitié de sa hauteur pour sa largeur, et la dessiner en ovale, dont la plus longue ligne centrale incline un peu en arrière, si ce n'est lorsqu'on fait pencher jusqu'à cent dégrés en avant la ligne antérieure; car alors cette ligne du milieu doit être verticale, à cause que, dans ce cas, elle se trouve déja d'elle-même plus loin du nez par en haut que par en bas.

Chez les Nègres cependant, et dans d'autres têtes semblables, il faut que cette ligne soit par-tout parallèle à la ligne facéale.

Tous les peintres, pour ainsi dire, négligent de se former une idée exacte de l'oreille; et ce même défaut se trouve dans tous les livres de dessin que j'ai vus; les François y prêtent néanmoins quelque attention. Dans les principes du dessin donnés par les auteurs de *L'Encyclopédie*, les oreilles sont représentées avec beaucoup d'exactitude. Dans le *Livre de Dessin* de Bloemaard il n'y a pas une seule oreille qui ait sa forme naturelle; et ce même défaut se remarque chez Preisler, quoiqu'il se soit plus occupé que personne à saisir l'exacte proportion des oreilles (1).

Chez les enfans les oreilles sont fort larges et fort grandes relativement à la tête ; ce qu'on peut donc faire de mieux, c'est de les cacher, parce que l'oreille ne peut ajouter la moindre beauté au visage, ainsi que je l'ai déja remarqué (2).

§. XI.

J'ai cherché à faire connoître, par les principes de la nature

---

(1) Augustin Carrache disoit que l'oreille étoit la partie du corps la plus difficile à dessiner. Il en modela une plus grande que nature, pour en faire connoître la structure. On en fit des études à l'infini, et l'on en exécuta un grand modèle en plâtre, appelé l'*Orecchione d'Agostino*. *Bibliothèque de Peinture, Tome II, page* 484.

(2) Suivant Winkelmann, *Histoire de l'Art, Livre IV, Chap.* 4, *paragr.* 25) aucune partie des têtes antiques n'est faite avec plus de soin que les oreilles ; et la beauté de l'exécution de cette partie est un caractère infaillible pour discerner le travail antique de la restauration moderne. Ce caractère est tel, que lorsqu'on doute de l'antiquité d'une pierre gravée, et qu'on voit que l'oreille, au lieu d'être finie avec soin, n'est, en quelque sorte, qu'indiquée, on peut avancer en toute sureté que l'ouvrage est moderne. Pour les figures des personnages déterminés, ou les portraits, il arrive quelquefois que la forme des oreilles, lorsque le visage se trouve mutilé et méconnoissable, nous fait deviner la personne même : c'est ainsi qu'une oreille dont le conduit auditif est très-grand, nous apprend qu'elle faisoit partie d'une tête de Marc-Aurèle. Dans ces espèces de figures, les anciens artistes ont été si attentifs à bien rendre cet organe, qu'ils ont même indiqué ce que l'oreille avoit de difforme, comme nous le voyons à un beau buste qui appartient à la maison Rondinini, et à une tête qui est à la villa Altieri. --- Les observations de Winkelmann que je viens de citer semblent contredire l'idée que feu M. Camper avoit sur le peu de beauté de l'oreille, et sur le besoin de la cacher. Note du Traducteur.

même, les signes caractéristiques de la véritable beauté des têtes.

Je suis loin de prétendre néanmoins qu'en suivant rigoureusement les règles que je viens d'indiquer, on parviendra à donner aux têtes cette grace et cette beauté que la nature nous présente tous les jours.

Non satis est pulchra esse poemata; dulcia sunto, dit Horace (1).

Il faut tâcher de parvenir au gracieux, quand même on seroit forcé de s'écarter un peu des règles des proportions; car il vaut mieux charmer les yeux en produisant le beau, que de déplaire en se tenant à une trop servile régularité.

J'ose me flatter néanmoins d'avoir fait connoître par ce que je viens de dire, ce qui constitue la véritable beauté, et de quelle manière on peut la rendre dans les ouvrages de l'art.

---

(1) *De Arte Poet. vs*, 99.

ADDITION

DE L'ÉDITEUR HOLLANDOIS.

Dans la Préface que j'ai mise, comme éditeur, à la tête de cet ouvrage, j'ai prévenu le Lecteur qu'il y manquoit un article particulier *sur les caractères distinctifs de l'antique dans les statues, les médailles et les pierres gravées.* Je ne me hasarderai point à réparer cette perte par des conjectures fondées seulement sur les entretiens que j'ai eu souvent avec l'auteur sur cette matière. J'ai cru cependant qu'il étoit nécessaire de donner ici une description de la *Planche IX*, relativement à ce qui a été dit dans le précédent article, afin qu'on ne soit pas surpris de ce que, dans cette Dissertation, il n'est pas fait mention de cette Planche.

La difficulté qu'il y a de se procurer dans ce pays des modèles de médailles et d'autres productions des anciens, qui devoient servir à confirmer les principes que renferme cet ouvrage, est cause sans doute que l'auteur n'a point donné l'article qu'il avoit promis de placer ici. Cependant dans le petit nombre de médailles et de pierres gravées, dont on donne la représentation dans la *Planche IX*, on trouve des preuves incontestables de ce qui est dit dans la Préface de l'auteur sur les portraits faits d'après nature par les anciens, et de ce qu'il avance, dans le *Chapitre III* § 4 *de cette Troisième Partie*, concernant la beauté des têtes antiques. Je laisse donc au Lecteur à faire les observations qui se présenteront à son esprit par la comparaison de ces ouvrages avec les opinions de l'auteur; en me bornant à donner une explication des Figures, avec l'indication des endroits où elles se trouvent.

La *Figure I* représente *Bochus*, roi de Mauritanie, dans son jeune âge. Sur le revers de cette médaille de bronze on voit un éléphant.

La *Figure II* est le même *Bochus*, plus âgé. Cette médaille est également de bronze, et représente de même un éléphant sur le revers.

La *Figure III* : *Alexandre le Grand ;* médaille d'argent avec cette inscription grecque : ΑΛΕΞΑΝΔΡΟΣ : Sur le revers il y a un château ou une ville, surmonté des foudres de Jupiter.

La *Figure IV*: *Pharnace*, *roi de Pont*, avec cette inscription : ΒΑΣΙΑ.... ΦΑΡΝΑΚΟΥ. C'est une médaille d'argent, dont le revers représente la Paix tenant une Corne d'Abondance, le Caducée de Mercure, un Chien, une demi-Lune, etc.

Ces quatre médailles se trouvent dans le cabinet de M. le Stadhouder, à la Haye. Les deux médailles de Bochus sont représentées ici deux fois plus grandes qu'elles ne le sont en nature, afin de pouvoir en indiquer plus distinctement les traits.

La *Figure V* est la représentation de *César Auguste*, dont il est fait mention dans la Préface de l'auteur; il en est parlé aussi dans le Chapitre précédent, de même que de la *Figure 4*, pour prouver que les anciens ont pris garde d'indiquer la véritable obliquité de la ligne facéale dans la représentation des têtes de leurs grands hommes et des autres personnages.

La *Figure VI* représente la tête d'*Alexandre*, par *Pyrgotele*. On voit ici, comme dans la *Figure* 3, la ligne facéale tracée à la manière des anciens artistes grecs, avec les caractères du beau idéal, tel qu'ils l'employoient dans la représentation de leurs divinités.

La *Figure VII*. La *Méduse* de *Sisocle*.

La *Figure VIII*. Un *Thésée avec la massue*, par *Gnæus*.

Ces quatre dernières Figures sont tirées de l'ouvrage du Baron de Stosch publié à Amsterdam en 1724, et s'y trouvent aux *Planches* XXV, LV, LXV et XXIII. Comme les lignes facéales sont indiquées dans la Planche même, elles ne demandent aucune autre explication.

QUATRIEME PARTIE.

Des premiers principes nécessaires pour bien faire l'esquisse d'une tête.

CHAPITRE PREMIER.

DE L'OVALE.

§. I.

Tous les écrivains, en général, qui ont traité des principes du dessin, tant en France que dans les Pays-Bas, ont regardé l'ovale comme le meilleur moyen pour obtenir la fermeté de la main et comme la figure la plus convenable pour y dessiner la tête des différens âges de l'homme et dans toutes les espèces d'attitudes.

Personne, que je sache, ne s'est encore écarté de ces principes, quoique on ait dû s'appercevoir que cette figure est souvent mauvaise, et qu'elle ne peut être utile que fort rarement.

Il est certain cependant que c'est l'ovale seul qu'on peut employer avec quelque certitude dans les têtes vues exactement de face, comme cela paroît par la *Planche VII Figure I.*

1°. On partagera la hauteur AB en quatre parties égales AH, HI, IF, FB; de ceci on prendra $\frac{2}{3}$ ou AF = KL pour la plus grande largeur, et l'on tracera le cercle A K F L. Les oreilles se placeront entre les lignes parallèles K L et M N.

2°. Divisez K L en quatre parties égales, et prenez-en $\frac{3}{4}$ pour la largeur des temples O P ; ensuite tirez de F avec un rayon de F I ou $\frac{1}{3}$ A B, dans la ligne du milieu A B en F, le cercle B N, I M, et remplissez l'ovale par K M et L N. Par ce moyen vous obtiendrez le point J, et la ligne centrale des yeux, K L (1).

Après quoi partagez A B en quatre parties, et la longueur du nez se trouvera déterminée; ensuite, en divisant F B en trois parties, vous aurez celle d'en haut Q R pour la lèvre supérieure. Cela se rapporte aux proportions indiquées dans la *Troisième Partie*, *Chapitre* II, § 5. Cet ovale est fort bon, et d'une grande utilité dans tous les cas dont il est parlé ici.

§. II.

Mais lorsqu'il s'agit dans les principes du dessin, (dont il est question dans le *Dictionnaire Encyclopédique* et les autres livres de cette nature) de faire le profil d'une tête, comme la *Figure 2 Planche VII*; alors la méthode dont je viens de faire mention est bien loin, selon moi, de pouvoir être employée avec quelque utilité.

Supposez J R pour la profondeur ou la longueur de la tête, et A B ou U V pour la hauteur; tracez ensuite de nouveau votre ovale comme dans la première figure. Cet ovale ne déterminera ni l'emplacement de l'oreille, ni celui de la ligne facéale X Y, ni

(1) C'est de cette manière que C. Van de Pas a tracé l'ovale, *page* 21, A. La méthode qu'indique Albert Durer dans le premier Livre de sa *Géométrie* en latin, publiée à Paris en 1532, *pages* 20 et 21, est beaucoup plus compliquée, et bien moins bonne que celle que je donne ici.

celui

celui de l'orbite de l'œil P. Il faudra donc qu'on place toutes ces parties d'une manière purement arbitraire.

La forme de la boîte osseuse n'est pas non plus circulaire. En un mot, l'ovale ne peut point, à mon avis, être appliqué à une tête vue de profil (1).

§. III.

Les livres qui traitent des principes du dessin veulent qu'on employe aussi l'ovale pour les têtes qui présentent les trois quarts du visage, comme *Figure* 3 *Planche VII*. Tracez ici l'ovale de la même manière qu'il a été dit dans les paragraphes précédens; et sur cet ovale tirez la ligne centrale ADEB, en suivant la forme de l'ovale. Partagez ensuite votre ovale en quatre parties, et la partie d'en bas en trois autres parties égales, et vous trouverez les points de section SDEF, dans la ligne ADB; Voyez Preisler *Partie I, Planche V*.

Tous les peintres de portrait, pour ainsi dire, font usage de cette règle, et placent toujours la bouche trop proche de l'oreille, au-delà de la ligne centrale ADB, comme je pourrois le prouver par plusieurs exemples; je me contenterai de remarquer que toutes les figures de Preisler faites d'après ces principes sont fort défectueuses.

On trouve le même défaut chez Bloemaard *Planche IV*, et dans plusieurs autres têtes de cet artiste; et je pense qu'il se remarque également chez Goltzius et chez d'autres maîtres.

Pour se convaincre combien est grande cette différence, on n'a

(1) Par une note trouvée parmi les papiers de l'auteur, il paroît qu'il étoit dans l'intention de s'étendre davantage sur cette matière; mais il faut qu'il en ait été empêché par d'autres occupations.

qu'à tracer la ligne facéale D Q R, d'après la *Figure* 3, *Planche IV*, aussi obliquement ou aussi verticalement qu'il convient, et l'on trouvera les points de section D Q S R. En tenant ces points pour les points centraux, on est sûr que la face conservera sa vérité naturelle.

Van Dyk a bien observé cela, ainsi que plusieurs grands maîtres d'Italie.

Il s'ensuit donc que, dans cette position, l'ovale nous conduit également dans l'erreur, et qu'il est nécessaire de suivre d'autres principes. Il ne faut pas que les maîtres de dessin se contentent d'indiquer cette ligne centrale sur une surface plane, mais il est essentiel qu'ils se servent pour cela d'une boule de bois ou de terre glaise.

CHAPITRE II.

Du Triangle, considéré comme un moyen propre de dessiner les têtes de profil.

§. I.

IL y en a (je pense que Hoet et A. Carrache sont de ce nombre) qui enseignent que, pour dessiner une tête de profil, il faut commencer par tracer un triangle rectangle A B C, *Figure* 4, *Planche VII*; qu'on doit ensuite diviser le côté antérieur A C en trois parties égales, destinées à indiquer dans le visage le front, le nez et le menton.

Mais le point B ne sert à rien, si ce n'est qu'on pourroit y placer dedans l'oreille; cependant on conserveroit l'espace D B = 2 nez, à compter du lobe de l'oreille.

Dans ce cas, la mâchoire inférieure se trouve fort en arrière en C G F; ce qui est contraire à ce que nous montre la nature.

Il est certain cependant que par là la ligne facéale antérieure A C demeure fort distincte. Par cette raison, on peut regarder cette méthode comme plus sûre et plus exacte que celle de l'ovale.

§. I I.

D'AUTRES (comme le Clerc dans les dessins des *Passions* de le Brun, *Planche I*, *Fig.* 3) se sont servi d'un pareil triangle rectangle D E C. Lorsqu'un des côtés de ce triangle touche à la ligne facéale, alors E donne le trou auditif, et l'on détermine par ce moyen l'emplacement de l'oreille d'une manière fort exacte ; de sorte que J E, ou plutôt J H, est égal à deux nez.

Mais dans la figure de le Clerc, le triangle est placé seulement au hasard; de façon qu'il ne sert point à déterminer la ligne facéale, ni à donner au conduit auditif son véritable emplacement.

Ce simple triangle ne sert donc ici qu'à indiquer la moitié du visage et l'oreille ; voilà pourquoi je pense que ce secours est de fort peu d'utilité. D'ailleurs, il est difficile de tracer un pareil triangle, ou du moins il est mal aisé de le faire sans le secours du compas.

J. C. Visscher, dans son livre de *Fundamentales regulæ artis pictoriæ et sculpturæ*, *folio* 1, donne le triangle entier, comme il est ici A B C.

Parizet, dans son *Nouveau Livre des principes du dessin*, employe le triangle de la même manière que le Clerc, mais avec plus d'utilité. — Le peu de certitude de ces principes généraux m'a engagé à chercher une autre méthode qui offrit plus de sureté ; et j'ai quelque espérance d'y avoir réussi.

CHAPITRE III.

D'une nouvelle manière de dessiner les têtes.

§. I.

LA contemplation continuelle des boîtes osseuses et des têtes des cadavres, particulièrement lorsque, pour des observations anatomiques, je partageois en deux ces têtes sur toute leur longueur, jointe à la connoissance que j'avois de l'accroissement des mâchoires et du nez dans les têtes des enfans peu de semaines même après la conception, m'ont appris qu'il falloit prendre la plus courte route et suivre la nature, en commençant par dessiner le crâne, pour déterminer ensuite la ligne facéale, et diviser le reste d'après les proportions données.

Comme la boîte osseuse est un ovale dont les parties les plus proéminentes se trouvent du côté antérieur et du côté postérieur, je commence par tracer l'ovale par deux cercles; savoir, L V E W, *Pl. VIII, Fig.* 1, qui comprend trois parties de la tête, et K U Z, dont la grandeur est de $\frac{8}{9}$ de ce cercle. Je tire de S la ligne horizontale S T = $\frac{1}{4}$ du diamètre du grand cercle, et de T le petit cercle. Du centre S, je fais tomber la ligne perpendiculaire S Q, laquelle détermine l'emplacement du trou auditif et du lobe de l'oreille E.

Secondement, je tire la ligne P G aussi obliquement qu'il convient, et je la divise en quatre parties égales; alors K est le front; F la ligne des yeux; I est pour le nez; H, un tiers de I B ou de I G, est pour la bouche.

Troisièmement, j'acheve enfin l'ovale ZVE, par lequel j'indique d'une manière assez convenable le bord orbitaire inférieur.

Quatrièmement, je prends GN = un nez ou moins, si la ligne facéale incline beaucoup en avant; et par ce moyen j'indique la partie antérieure du cou.

Cette manière est fort simple, fort naturelle, et nous fournit les principaux points des proportions dont on peut avoir besoin. D'ailleurs, un ovale oblique est plus facile à tracer qu'un ovale perpendiculaire.

§. II.

POUR un vieillard, une vieille femme, ou pour tel autre âge que que je veuille prendre, je trace (comme je viens de le dire §. I.) l'ovale KLVE, et la ligne PKHG, *Planche VIII*, *Figure* 2.

2°. Comme les dents tombent avec l'âge, et que les alvéoles disparoissent; de sorte que par là, la machoire perd $\frac{1}{3}$, je mets le menton I G = $\frac{2}{3}$ de F S, ayant tracé un cercle dans la ligne G, comme je l'ai indiqué dans la *Figure* 2 de la *Planche VI.*

3°. C'est-à-dire, que pour l'homme fait, le menton étant en G, je pose le compas en E, et tire de G un cercle g G; et je prends IG = $\frac{2}{3}$ IB; de sorte que g se trouve être la pointe du menton.

4°. Ensuite, je divise GI en trois parties égales, dont la supérieure est pour la bouche.

5°. Après quoi je fais bomber KF hors la ligne facéale; parce que les cavités du front bombent fort en déhors dans la vieillesse.

6°. Enfin, je prends G N = au nez et je trace le cou N O. Par ce moyen, j'obtiens de la manière la plus parfaite le bas du visage avec ses différentes marques caractéristiques.

§. III.

Chez les enfans la boîte osseuse conserve cette forme ; voilà pourquoi l'ovale doit être tracé comme dans la *Figure* 3, et la ligne perpendiculaire LQ suivant la ligne facéale PG. (voyez *Planche VIII. Figure* 4). Comme les enfans (ainsi qu'il a été dit *Partie II. Chapitre I.* §. 6.) n'ont point de cavités au front, il faut que F soit tracé en dedans de la ligne AB, à laquelle elle touche autrement, comme on le voit *Planche VIII Figure I,* ou même en sort, comme chez le vieillard, *Planche VIII Figure* 2.

2°. Les yeux sont mis à $\frac{2}{5}$ de toute la hauteur du bas du menton, et le front est de $\frac{3}{5}$; ce qui se rapporte aux proportions de de Wit et d'Albert Durer chez qui, *page* 64, d f = $\frac{1}{5}$ d a.

3°. I e étant égal à $\frac{1}{4}$ LQ, à cause que les mâchoires sont, par le peu de profondeur de la bouche, $\frac{1}{5}$ plus courtes, comme chez les vieillards, il faut tracer la ligne a b $\frac{2}{5}$ de J E, et une ligne oblique c d, comme je l'ai fait voir *Planche V*, *Figure* 4 ; alors le point de section g est pour le menton, et G indique la bouche. De cette manière, A a devient égal à cinq parties ; dont $\frac{3}{5}$ sont pour la ligne des yeux, et $\frac{2}{5}$ pour le visage. En faisant l'esquisse de la tête, on commence par tracer l'ovale, ensuite P G et G g, et g h : par ce moyen, tous les points sont connus. Lorsqu'on donne plus d'ouverture à la bouche, G baisse et se porte plus en arrière en descendant davantage. Ceci a lieu dans presque toutes les têtes.

Par conséquent une esquisse telle que celle de la *Fig.* 4, *Pl. VIII*, est ce qui indique le mieux le visage d'un enfant.

§. IV.

Pour faire l'esquisse d'une tête de Nègre, on suit les mêmes procédés. Après avoir fait l'ovale, on trace (*Figure* 3, *Planche VIII*) P G incliné en arrière, suivant ce qui a été dit *Première Partie*, *Chapitre III*, §. 3. Cette ligne donne le point de section H. De ce point, tirez jusqu'en B la ligne H B, et le visage se trouve déterminé. B N = $\frac{1}{4}$ A B. Cela sert à confirmer ce que dit Philostrate dans la *Vie d'Apollonius de Thyane*, *Liv. II, Ch.* 10: que de simples lignes tracées avec de la craie peuvent représenter un Indien, par son nez épaté, ses cheveux hérissés, ses joues proéminentes, etc. Voyez Junius, *De Pict. Veter.*, *Lib. III*, *ch.* 2, *p.* 259.

§. V.

Cette méthode de faire les esquisses des têtes est aussi facile à enseigner que celles qui sont actuellement en usage. Rien n'est plus aisé que de l'employer pour rendre toutes les espèces de passions; pour la crainte, l'épouvante, etc., dans lesquelles on ouvre la bouche, il ne faut qu'allonger le menton; tout le reste doit être cherché dans le jeu des muscles; ce qui peut être démontré mathématiquement avec autant de facilité que ce que j'ai dit touchant les diverses races et les différens âges de l'homme.

Pour imiter les altérations que les mouvemens de l'ame produisent dans les traits du visage, on peut en changer les proportions, et faire incliner plus ou moins la ligne facéale; par ce moyen, on conservera un parfait ensemble, et l'on ne s'écartera point des règles de la beauté. Les préceptes qu'Albert Durer donne dans son livre *sur la variété des figures et des traits du visage* ne produisent, en général, que des formes bisares, qu'on ne peut employer que rarement; quoique d'ailleurs les réflexions qu'il fait sur cette matière ne laissent pas d'avoir quelque mérite.

Il seroit à désirer que des artistes s'appliquassent à connoître les véritables formes de tout notre corps, d'après les idées que j'ai avancées dans cet ouvrage; et je suis persuadé qu'on ne feroit pas ce travail avec moins de fruit que celui que je me flatte d'avoir tiré des observations que je viens de mettre sous les yeux du Lecteur relativement aux têtes; lesquelles, j'espère, engageront quelqu'autre écrivain à porter à sa perfection une matière que je n'ai fait, pour ainsi dire, qu'ébaucher.

NOTE DU TRADUCTEUR,

Sur les causes des variétés qu'on remarque dans la figure humaine et dans la couleur de la peau ; ou analyse de l'ouvrage de M. le Pr. Samuel Stanhope Smith, *intitulé :* Essay on the causes of the variety of complexion and figure in the human species.

Deux causes concourent à produire les variétés qu'on remarque dans l'espèce humaine, savoir, le climat et le degré de civilisation de la société. Ces causes n'opèrent qu'à la longue et par des gradations insensibles. Il y a certains degrés de chaleur et de froid qui forment ce qu'on appele *climat*, et qui occasionnent cette analogie générale qui subsiste entre les nations, suivant le degré de latitude de l'équateur qu'elles habitent. Voilà l'effet général, qui offre une infinité de nuances. L'action du climat sur la peau est connue. La chaleur de l'été noircit la peau ; l'hiver, au contraire, la rend blanche. Dans les climats tempérés ces effets se suivent alternativement, et se corrigent l'un l'autre ; mais quand la chaleur ou le froid prédominent dans un pays, il en résulte proportionnellement une couleur caractéristique et permanente. Le degré prédominant d'intensité du froid ou de la chaleur peut être considéré comme la cause constante de l'action à laquelle le corps humain est exposé. Cette cause affecte les nerfs en les contractant ou en les relâchant. Elle affecte les fluides en augmentant ou en diminuant la perspiration, et en altérant le degré dans lequel doivent s'opérer toutes les secrétions. Elle affecte particulièrement la peau par l'opération immédiate de l'atmosphère, des rayons solaires, ou de l'action du froid sur sa délicate contexture. La couleur et la figure peuvent être considérées comme des habitudes du corps, et qui, de même que toutes les autres habitudes, sont formées, non par des impressions fortes et subites, mais par des touches successives et imperceptibles, qui finissent par être inaltérables. Cependant la peau, quoique délicate par elle-même, et susceptible d'altération par les causes extérieures qui l'affectent, est, par sa contexture, une des parties du corps les moins sujettes à des changemens. L'altération de sa couleur ne s'opère par conséquent qu'à la longue, quelle que soit la cause qui la produise ; et lorsque cette cause est parvenue à pénétrer profondement la contexture de la peau, cette couleur est inaltérable. Il ne faut pas néanmoins attribuer la couleur de la peau à la seule action du soleil. La chaleur, principalement quand elle est unie aux exhalaisons putrides qui impregnent extrêmement l'atmosphère dans les pays chauds et incultes, relâche le systême nerveux. La bile est par conséquent augmentée et répandue avec force dans toute l'habitude du corps. Cette liqueur donne alors à la peau une couleur jaune, laquelle, avec le tems, devient d'une teinte plus foncée. C'est donc la bile qui est la principale cause de la noirceur de la peau ; et l'effet de cette cause est augmenté par l'influence du soleil, qui, épaississant la substance muceuse de la membrane réticulaire, occasionne la décoloration de la peau. Les vapeurs des eaux stagnantes des régions incultes, les grandes fatigues, le besoin et la malpropreté servent, aussi bien que la chaleur, à augmenter la bile. Voilà ce qui contribue, avec la nudité des Sauvages, à les décolorer, même dans les climats glacés. On sait que le froid, aidé d'une bonne nourriture et des autres commodités de la vie sociale, chasse avec force le sang vers les extrémités du corps, et rend le tein plus beau ; mais lorsque de pénibles travaux et le défaut de subsistance, etc., relâchent le systême nerveux et appauvrissent le sang, il ne reste plus alors qu'une bile d'autant plus noire que l'obstruction des pores le tient plus long-tems en un état fixe dans la peau. C'est à cette cause peut-être qu'il faut attribuer la couleur basannée des Lappons, qu'on a regardée jusqu'ici comme un phénomène fort difficile à expliquer. Les cheveux suivent, en général, les mêmes loix que la couleur de la peau, parce que leurs racines étant plantées dans la peau, tirent leur nourriture et leur couleur de la même substance qui contribue à former le tein. Mais la forme de cette excrescence qui mérite particulièrement notre attention, est celle de la chevelure rare et crépue, particulière aux peuples d'une partie de l'Afrique, et à quelques-uns des îles de l'Asie. Cette particularité a été alléguée comme un caractère décidé d'une espèce distincte d'hommes, avec plus d'assurance qu'il ne convenoit à des philosophes qui devoient être mieux instruits des opérations de la nature. La rareté des cheveux des Africains s'accorde avec les effets d'un climat chaud. Le froid, en resserrant les pores et en empêchant la transsudation, oblige la matière perspicable arrêtée dans la peau à s'évacuer par une grande quantité de cheveux. Un climat chaud, en ouvrant les pores, fait évaporer cette matière avant qu'elle puisse s'y rassembler en une substance propre à former les cheveux. La nature crépue de la laine des Nègres vient peut-être de la chaleur extérieure, ainsi que de la qualité de la substance ou de la secrétion dont elle tire sa nourriture. Mais, quelle que soit cette nourriture des cheveux, il paroît qu'elle se trouve combinée, dans la zone torride de l'Afrique, avec quelque fluide très-volatil, et d'une nature fort chaude. L'évaporation de cet esprit volatil rend l'épiderme sèche, et la dispose à se contracter; tandis que l'intérieur continuant à être relâché par le mouvement vital, les dilatations et les contractions alternatives produisent nécessairement un tortillement, et rendent les cheveux crépus. La couleur des cheveux des Nègres vient à l'appui de cette idée; elle n'est point d'un noir brillant mais aduste, et les extrémités en tirent sur le brun, comme s'ils avoient été roussis par le feu. Quant à la configuration du corps, on connoît les variétés qui subsistent à cet égard entre les divers peuples de la terre. Par exemple, toute la race des Tartares est d'une petite stature; et chez ce peuple la tête est disproportionnée avec le reste du corps. Ils ont les épaules hautes, le cou fort court, les yeux petits, et qui semblent fort enfoncés dans la tête à cause de la grande éminence des bords orbitaires. Leur nez est petit et peu proéminent. Leurs joues sont extrêmement élevées et fort grosses; en un mot, tous leurs traits sont également grossiers et difformes. Ces défauts sont d'autant plus remarquables qu'on avance davantage vers le pole, chez les Lappons, les Borandiens, les Samoïedes, races qui, comme le remarque fort bien M. de Buffon, sont des Tartares dégénérés autant qu'il est possible. On trouve une race semblable à celle des Lappons dans une partie de l'Amérique, dont le climat est le même que celui de la Lapponie. Les contrées glacées autour de la baye d'Hudson sont, à l'exception de la Sybérie, les plus froides du monde connu; et les habitans n'en ont que quatre à cinq pieds de hauteur, avec une grosse tête et des yeux petits et foibles.

Tout ceci est une suite du froid extrême qui contracte les nerfs de la même manière que tous les autres corps solides. Le sang, circulant avec plus de lenteur et moins de force, ne peut résister aux impressions du froid; ce qui fait que les extrémités subissent une plus grande contraction et diminution que le reste du corps, tandis que le sang, se portant avec chaleur et violence vers la poitrine et la tête, distend ces parties, et les rend d'un volume disproportionné avec les autres membres. L'extrême intensité du froid occasionne aussi les autres particularités qui distinguent les races dont nous avons parlé plus haut, et leur rend le cou court et les épaules hautes. Le froid porte l'homme à élever les épaules pour mettre le cou à l'abri, afin de mieux retenir le sang qui se porte vers la tête ; et l'habitude d'un éternel hiver les fixe dans cette position. Le cou paroît raccourci au-delà d'une proportion convenable, non-seulement parce qu'il souffre la même contraction que les autres parties du corps ; mais parce que la tête et la poitrine, étant devenues d'un volume demesuré, prennent sur sa longueur ; et l'élévation naturelle des omoplates en cache le reste, au point que la tête paroît porter sur les épaules. Les traits difformes et grossiers du visage sont de même le résultat de l'inclémence de l'air. Le froid resserre l'ouverture des yeux, fait baisser les sourcils et élever les joues ; et par la pression de la mâchoire inférieure contre celle d'en haut, le visage perd de sa longueur, et devient plus large, de sorte que tous les traits se trouvent forcément altérés. Ce qui mérite principalement d'être observé ici, c'est la petitesse du nez, la dépression du milieu du visage, la proéminence du front, et la grande foiblesse des yeux. Comme le milieu du visage se trouve le plus exposé au froid, il souffre conséquemment la plus grande contraction. C'est la partie que le vent frappe le premier, et qui est la plus éloignée du siége de la chaleur dans la tête. Mais ce qui n'est pas moins important à observer, c'est que les habitans des climats glacés respirent plus par le nez que par la bouche, et par conséquent attirent la plus grande impulsion de l'air vers ce membre et les parties voisines. Un pareil courant d'air rend l'intensité du froid plus considérable, et, en augmentant la contraction des parties, les empêche de prendre leur croissance. Cela sert aussi à nous rendre raison de la proéminence du front. La chaleur et la force vitale du cerveau, qui remplissent la capacité supérieure de la tête, doivent naturellement augmenter sa grosseur, et la faire bomber par dessus les parties contractées du bas du visage. Enfin, dans ces climats rigoureux les yeux sont singulièrement affectés ; et par la saillie des sourcils, ils paroissent fort enfoncés dans la tête. Le froid diminue naturellement leur grandeur, et occasionne, conjointement avec la blancheur éblouissante des neiges éternelles, la foiblesse de ces organes, de manière même que l'homme y est souvent frappé de cécité à un âge fort jeune. Dans les zones tempérées, une chaleur bienfaisante donnant aux nerfs la faculté de s'étendre avec liberté, les traits se développent parfaitement, et l'orbite de l'œil prend une certaine grandeur. Tous les esprits vitaux agissent sans contrainte dans de pareilles régions ; et la nature, se livrant à la plénitude de sa puissance, y produit des hommes qui approchent de cette perfection dont l'Être Suprême avoit d'abord voulu douer le chef-d'œuvre de sa création.

DISSERTATION

SUR LA MEILLEURE FORME

DES SOULIERS.

PAR feu M. PIERRE CAMPER.

Calceus pede major subvertit, minor urit.
(HORAT).

AVANT-PROPOS.

Une plaisanterie a donné lieu à ce petit Traité sur la meilleure forme des Souliers *: j'ai voulu prouver à mes anciens élèves, qui me soutenoient que les* matières à dissertation *étoient épuisées, que le sujet le moins important, fut-ce un* Soulier, *un* Sabot, *etc., pouvoit devenir intéressant entre les mains de quelqu'un qui le possèderoit à fond et en parleroit avec connoissance de cause. On me fit un défi : on crut du moins que je n'oserois jamais le publier sous mon nom. Je me prêtai à la plaisanterie et j'écrivis.*

Mais plaisanterie à part, mes raisonnemens sur les suites qu'entraîne notre misérable chaussure, sont fondés sur des observations suivies et sur des expériences réitérées. Il ne tient donc qu'aux élégans et élégantes d'en profiter : les pères et mères sur-tout éviteroient par là bien des tourmens à leurs enfans. Si je parviens à leur persuader cette vérité, mon objet sera rempli. Je ne dirai pas :

Ridendo castigat mores,

Mais

Ridendo calceos corrigit.

DISSERTATION

DISSERTATION

SUR LA MEILLEURE FORME

DES SOULIERS.

Non multum abfuit, quin sutrinum quoque inventum à Sapientibus diceret Posidonius.

SENECA.

INTRODUCTION.

IL est étonnant que des gens de mérite, de tous les tems, ayent porté jusques aux minuties le soin des pieds des chevaux, mulets, bœufs, et autres animaux de charge ou de trait, et qu'ils ayent négligé entièrement ceux de leur propre espèce, en les abandonnant à l'ignorance des ouvriers, qui, pris collectivement, ne savent faire un Soulier que par routine et suivant la mode ridicule et le goût dépravé de leurs jours. Aussi la chaussure actuelle ne sert-elle, dès notre enfance, qu'à difformer les orteils et à donner des cors aux pieds; ce qui rend notre marche non-seulement désagréable, mais très-souvent impossible : effet nécessaire de l'ineptie de nos cordonniers.

Nous plaignons avec raison le sort des femmes Chinoises, à qui, par un usage barbare, on disloque les pieds, et nous nous soumettons de gayeté de cœur et depuis nombre de siècles, à une gêne qui n'est pas moins cruelle. Je dis nombre de siècles ; car comment C. Celse, qui a vécu avant l'ère chrétienne, Paul d'Egine et Aëce parmi les Grecs, auroient-ils décrit avec tant de précision les maladies des pieds causées par les Sandales et les Souliers malfaits? Il est apparent que tout le monde ne suivoit pas l'exemple de Socrate, qui alloit pieds nus.

Les Souliers de notre tems n'ont aucun avantage sur ceux des anciens. Je me suis convaincu par ma propre expérience de la difficulté de trouver dans les voyages des Souliers commodes. Je n'en ai jamais rencontré de tels à Londres, rarement à Paris. Mais à Amsterdam et à Groningue, j'ai trouvé quelques cordonniers, vieillis dans le métier, qui sont entrés dans mes idées, en voyant les tristes marques des expériences involontaires sur mon propre pied : celui cependant qui m'a le mieux servi, tant pour la commodité des Souliers que pour l'aisance de la marche, est un jeune maître-cordonnier de la Haye.

L'expérience et les réflexions me firent bientôt croire qu'un Soulier fait pour une ville, ne convenoit pas à une autre. Un soulier, par exemple, bon pour la Haye, ne l'est plus autant pour Amsterdam, et se trouve défectueux à Leeuwarden, à Groningue, et par-tout où les rues sont pavées de cailloux, tels que la nature nous les offre, sans être taillés du tout, comme à Hambourg, Berlin etc. où le pavé est encore plus mauvais, et où par conséquent il faut acquérir de l'habitude pour éviter ces inconvéniens désagréables dans la marche.

Au surplus, je sçais maintenant que la méthode de prendre la mesure du pied est défectueuse même chez les plus célèbres et les plus habiles cordonniers. L'anatomie m'a fait voir que notre pied s'allonge dans la marche et se raccourcit pendant l'inaction. Par conséquent la mesure prise sur la semelle du pied en repos, selon la routine ordinaire, doit produire un Soulier trop court pour un pied en mouvement; et ce Soulier doit, par cette raison, pincer le grand orteil et le talon. En un mot, les articulations de chaque doigt feront des éminences, la semelle étant trop forte et trop dure pour pouvoir céder et se prêter.

L'expérience m'a encore prouvé que le talon du Soulier devroit être plus avancé sous la plante du pied, afin de soutenir le centre de gravité. Il devroit être aussi plus haut pour un pavé inégal, que lorsque nous marchons dans la maison, dans un jardin, ou à des promenades commodes.

Je me rappele que dans ma jeunesse les Souliers avoient le devant un peu relevé. Nos jeunes voyageurs ensuite ont introduit ici la mode de Paris, de porter des Souliers très plats et peu profonds, avec des talons fort hauts. Nos cordonniers l'adoptèrent; ce qui produisit une révolution générale dans la forme des Souliers chez nous. Celle des talons restant toujours la même, je fis l'acquisition de Souliers de cette espèce, sans me douter de la différence. J'en fus cruellement désabusé aux dépens de mes orteils, qui heurtoient chaque grosse pierre qu'ils rencontroiént. La cause de cet inconvénient fut une vraie énigme pour moi, jusqu'à ce que les Souliers étant devenus un objet de mes réflexions, je découvris les véritables raisons de ce martyre.

Les principes de mes recherches sont fondées sur l'anatomie et sur la théorie de *Borelli*. Elles me font voir l'importance de cet objet, et me portent à croire qu'on me saura gré de ce que je mets tout le monde à même de profiter de mes recherches physiques sur une partie de notre chaussure dont nous ne pouvons pas nous passer.

Les hommes ne marchent pas tous de la même façon; les femmes, par exemple, ne marchent pas comme les hommes; parce qu'elles ont les hanches plus larges. La marche des enfans est différente aussi, à cause de la petitesse de leurs jambes. Les vieillards, qui ont la tête et tout le corps même trop penchés en avant, sont obligés de plier les genoux pour soutenir le centre de gravité, qui tombe nécessairement davantage sous le coude-pied.

Vers la fin d'une grossesse, la partie supérieure du corps d'une femme penche en arrière, afin de soutenir le centre de gravité, dérangé sans cela par le poids du fruit qu'elle porte dans son sein, et qui sort hors de la ligne de gravité. Dans ces circonstances la plûpart des femmes marchent sur les talons.

Nos dames et demoiselles du bon ton ont des talons à leurs Souliers très hauts et très minces; et, pour que le pied paroisse plus petit et plus mignon, on les avance tant qu'on peut au dessous du coude-pied. Par une vanité ridicule, nos bourgeoises ont adopté aussi cette mode absurde. Nos paysannes sont plus sages; elles se servent de Souliers qui assurent leur corps, et rendent leur marche aisée.

Il n'est pas difficile de comprendre que les personnes d'une taille élevée marchent différemment, et que par conséquent elles ont besoin de Souliers d'une forme différente.

L'éducation n'a pas moins d'influence sur la forme des pieds: la pointe du pied d'un gentilhomme doit toujours être tournée en dehors; celle des paysans, et particulièrement des batteliers, le sont en dedans. Le célèbre M. André a fort amplement discuté cette matière dans son *Orthopédie. p.* 254 *et* 255. Il est incontestable que la bonne position des pieds, qui est celle de les avoir tournés en dehors, contribue au soutien de notre corps lorsque nous sommes debout; parce que nous formons alors avec les deux pieds une espèce de triangle, qui, comme les trépieds, en constitue la fermeté. C'est donc avec raison qu'on appele dans l'art de la Danse la position des pieds en dedans, *la fausse position* : voyez le *Vol. VIII. Rec. des planches Pl.* 1. *Fig.* 9. 10. 11. 12. et 13, *du Dictionnaire Encyclopédique.*

Il résulte de tout ce que nous avons dit ci-dessus, que les Souliers qui ne sont pas appropriés à notre marche, sont défectueux ; que par conséquent un cordonnier qui voudroit exceller dans son art et qui ambitionneroit l'avantage de fournir des Souliers parfaits à ses pratiques, devroit avoir une connoissance exacte de ces sortes de différences ; particulièrement s'il veut les préserver des cors aux articulations et entre les orteils, et des oignons sous les ongles, surtout de celui du grand orteil, qui causent des douleurs vraiment insupportables. Il préviendra tous ces inconvéniens en donnant une bonne forme aux Souliers : alors les orteils ne se courberont plus, les ongles ne tourneront pas, la grande articulation du principal orteil, et le pied même, ne seront plus assujettis aux enflures et aux tumeurs, et la peau du pied, en général, sera garantie d'être lésée. Je dis plus : si ce cordonnier entend bien son métier, s'il est intelligent, s'il a une idée nette de la marche, s'il sait distinguer la forme naturelle d'un pied d'une forme défectueuse, il corrigera dans un moment les défauts de son ouvrage, et préservera par là ses pratiques d'une torture cruelle. Immanquablement il les empêchera de broncher, de heurter avec les pointes des pieds et de se faire des entorses. Telle est l'importance qui résulte de la mauvaise forme des Souliers ; et d'autant plus est-il essentiel de leur en donner une qui soit la meilleure possible.

Malgré cela cependant, mes Lecteurs pourroient être surpris de voir un docteur et professeur en médecine, s'abaisser jusques à traiter un aussi mince sujet. Mais je me flatte que leur étonnement cessera, s'ils parcourent avec attention ce mémoire jusques au bout: ils verront l'immensité de connoissances qui ont dû concourir pour remplir dignement un aussi grand objet. Qu'ils se rappelent surtout que Xénophon, ce grand général, n'a pas dédaigné de transmettre à la postérité des instructions judicieuses pour conserver les pieds des chevaux ! Qu'un duc de Newcastle, et tant d'autres célèbres personnages, se sont fait un mérite d'écrire sur les sabots des chevaux, et sur la manière de les préserver de tout accident par une ferrure convenable. A tout prendre nos pieds valent bien ceux de ce fier animal, et la charité bien entendue commence par soi-même. Je consacre donc à l'homme toute mon attention et tous mes soins. Je travaille pour son bien, et ce motif, joint à l'exemple des deux grands hommes que je viens de citer, répand un air de dignité sur mon ouvrage, et doit me justifier.

Aussi pourroit-on considérer ce petit mémoire comme un supplément à ma *Dissertation sur l'Éducation physique des enfans*, insérée dans le *Tome VII, Part. I, pag.* 351 *des Mémoires de l'Acad. de Haarlem.*

Je me propose en premier lieu de considérer mathématiquement le pied et notre façon de marcher; ensuite le Soulier, les parties qui le composent et sa forme, tant pour les hommes que pour les femmes et les enfans. J'en montrerai après la meilleure forme. Les maladies et les incommodités qui proviennent des Souliers malfaits, avec les moyens de les prévenir et les remèdes pour les guérir, formeront la dernière partie de ce petit traité.

CHAPITRE PREMIER.

Du Pied.

§. I.

Comme il n'est pas absolument nécessaire de donner ici une description anatomique et précise du pied, nous recommandons plutôt à nos Lecteurs de consulter les superbes planches du grand Albinus, celles de Chesselden, ou de M. Sue : ceux qui ne savent pas les langues de ces ouvrages magnifiques, peuvent se servir des figures de Bidlo et de Palfin. Il sera cependant nécessaire pour pouvoir exposer plus clairement nos idées, d'en donner une description, du moins superficielle.

Notre pied, (*Figure I, Pl. XI*,) se divise en trois parties, dont la principale est N, E, qu'on appele le tarse; E, D, le méta-tarse, et les orteils D, A.

Le tarse N, E, est composé de sept os, le méta-tarse en comprend cinq, les orteils du pied ont chacun trois osselets, excepté le grand orteil ou pouce, qui n'en a que deux. Il y a encore deux osselets K, sous la jointure du grand orteil avec l'os du méta-tarse D, qu'on appele les os lenticulaires, ou plutôt sésamoïdes, à cause de leur ressemblance avec la graine de la plante sésame, dont les anciens Grecs ont emprunté le nom.

Les sept os du tarse n'ont pas beaucoup de mouvement entre eux; ceux du méta-tarse ou avant-pied en ont beaucoup plus. Ceux des orteils sont, comme ceux des doigts de la main, très-mobiles; tellement même que je me souviens d'avoir vu à Amsterdam, il y a vingt-cinq ans, un homme qui n'avoit au lieu de bras que quelques petites appendices immobiles ; cet homme exécutoit pourtant avec ses pieds tout ce que nous faisons avec nos mains : il écrivoit, tailloit sa plume, tiroit un pistolet, etc. Feu le professeur Roëll a disséqué en ma présence ces petits bras monstrueux, afin d'en montrer la défectuosité.

Uliss. Aldrovande a donné dans son *Histoire des Monstres, Chapitre IV, de la mauvaise conformation des bras et des mains, page* 475, plusieurs exemples semblables : entre autres celui d'une femme qui faisoit exactement avec ses pieds tout ce que nous sommes capables d'exécuter avec les mains. Ce qui est dit d'un certain Thomas Schnueiter (*p.* 482, *ib.*) est très-remarquable. Nous y renvoyons le Lecteur.

La composition des os et l'arrangement des muscles prouvent aussi évidemment que nos pieds pourroient servir à plusieurs usages, s'ils n'étoient pas entièrement négligés et rendus inutiles, du moins en Europe, par les mauvais Souliers faits, pour ainsi dire, à dessein pour en détruire le mécanisme.

Il m'a paru aussi que les anciens Grecs gàtoient leurs pieds par les semelles, κρεπιδα, ou *solea*, aussi bien que par le Soulier, qu'ils appeloient υποδημα, υποδησις, ou *calceus*, comme il paroît par C. Celse, Paul d'Egine et plusieurs autres.

Le grand orteil est plus court que le suivant, pas autant néanmoins qu'on l'a quelquefois observé dans les statues des anciens et dans les tableaux et gravures de C. van Haerlem, de Goltzius et d'autres artistes du seizième siécle.

Le pied me paroît avoir été, par cette même raison, représenté pointu par-devant ; aussi a-t-il été dessiné en losange presque par tous les peintres, pour servir d'esquisse, comme on le peut voir dans les livres sur l'art du dessin de C. van de Pas et autres.

Les

Les Souliers des deux sexes sont faits à-peu-près d'après le même principe, plus pointus dans un tems que dans l'autre; mais toujours de façon que les quatre orteils sont étroitement serrés l'un contre l'autre, et contre le grand orteil; au point même que les uns chevauchent souvent sur les autres, faute d'espace.

Non-seulement les orteils, mais les cinq os du méta-tarse ou avant-pied, perdent aussi par-là et leur forme et leur mobilité. Les sept os du tarse en souffrent moins, et uniquement par les grands talons, principalement chez les femmes, comme nous le prouverons évidemment dans le *Chapitre suivant*.

§. I I.

En considérant la plante du pied, on voit clairement que la ligne diagonale de ce prétendu losange ne passe pas par son milieu, mais que la partie extérieure est beaucoup plus grande que l'intérieure; c'est-à-dire, que A, B, D, M, *Fig. VIII*, surpasse l'intérieur A, B, E, N.

Les formes sont pourtant faites de sorte que cette diagonale A B, passe exactement par le milieu, et qu'une même forme, puisqu'elle doit servir pour les Souliers des deux pieds, cause encore plus de gêne et de compression aux orteils : ensorte même que le grand orteil, tout fort qu'il soit, est tiré vers les autres, et poussé très-sensiblement en-dehors, ce qui le rend moins utile pour marcher. De-là vient cette grande tumeur en D (*Fig.* 1) ou E (*Fig.* 8) qui nous fait souffrir si cruellement lorsque les Souliers sont trop étroits; souvent même il survient une inflammation qui nous empêche pendant quelque tems de marcher. Cependant la mode soumet nos petits maîtres à cette peine, et la vanité étouffe leurs plaintes.

§. III.

La nature a tellement façonné la plante du pied, que nous nous appuyons uniquement sur les talons et les articulations de l'avant-pied qui s'unissent avec les orteils; et extérieurement sur la tubérosité de l'os du méta-tarse qui s'unit avec le petit orteil en Q.

Tous ces points d'appui touchent la terre par une surface unie dans la ligne A, B (*Fig.* 1). Mais cette ligne s'allonge dans la marche; de sorte que la négligence de cet allongement dans les Souliers nous cause la plus grande douleur et défigure nos pieds.

Chez les femmes, cette ligne A, B (*Fig.* 3) acquiert une forme concave comme B, V, T, U, *a*; ce qui occasionne une multitude de maux dont nous parlerons dans la suite, après avoir fait connoître la structure du pied.

CHAPITRE II.

Des Os qui composent le Pied.

§. I.

Lorsque nous examinons la composition des os du pied, comme dans la *Fig. I*, nous voyons au premier coup d'œil que l'os du talon N, M, I, touche la terre, comme aussi l'os lenticulaire K, et le grand orteil A, C; et que tous ces points tombent dans la ligne A, B. L'astragale R, N, I, qui supporte tout le poids du corps en R, n'est soutenu que par deux lignes obliques : R, B, R, A, comme on le voit dans la *Fig. III*; d'où résulte, lorsque nous restons debout tranquilles, et encore plus lorsque nous levons de grands poids, un leger enfoncement du point R vers la terre, et que les deux points A et B tâchent de s'éloigner l'un de l'autre, et s'éloignent en effet. La ligne A, B, devient donc plus longue; ensorte que, si l'enfoncement pouvoit toucher la terre, les lignes R, B, et R, C, jointes ensemble, seroient comme B, X.

Il est donc évident qu'un Soulier fait à une juste mesure, prise lorsqu'on étoit assis, pincera le pied cruellement, entre N, B, et A, O (*Fig. I*), dès qu'on se tiendra debout, sur-tout si le quartier ne cède pas en arrière; ce que la boucle empêche en partie; quoique chez la plûpart le talon du pied le pousse en dehors et défigure le Soulier.

§. II.

Le changement que le pied subit quand nous marchons, est de plus grande conséquence; car le grand orteil A, K (*Fig.* 2), reste alors à terre: le méta-tarse, ou avant-pied s'éleve de *b* à B, d'où la ligne *d*, *c*, s'allonge et s'étend jusques à B; gagnant ainsi la longueur *c*, B, qui est d'un $\frac{1}{4}$ de pouce dans cette figure, et par conséquent d'un pouce entier mesure de Paris.

Il faut remarquer que j'ai pris les trois premières et la sixième *Figures* de la *Planche* III du Squelette et des Muscles du célèbre Albinus, qui représentent la quatrième partie du pied de grandeur naturelle de sa *Planche XXXII des os*, *Fig.* 1.

La semelle du Soulier, ordinairement faite d'un cuir très-fort, devient par conséquent proportionnellement trop courte; le Soulier pince en ce cas le talon; et fait un bien plus terrible effet sur le grand orteil, et sur les autres à proportion. Car comme la Semelle ne peut pas se prêter de *c* en B, il suit que A cède vers *c*, et que le grand orteil s'éleve vers *f*, et forme un angle *e*, *f*, D., et ainsi des autres. C'est de là que nous viennent toutes ces difformités aux orteils et tous ces cors douloureux sur les articulations de ces parties.

Plus notre marche sera accélérée, et plus la semelle se raccourcira ; parce que C. B. y sera toujours proportionné.

Il faudra donc qu'un Soulier ait pour le moins un pouce ou $\frac{1}{2}$ de plus que A, B, qui est la longueur exacte du pied quand il pose à terre et que le cordonnier le mesure : il est vrai que par routine il y ajoute quelques lignes ; mais cette addition dépend d'une conjecture qui n'est fondée sur aucun principe, puisqu'il ignore le véritable allongement du pied, comme je viens de le prouver.

Il est d'ailleurs certain que cet allongement n'est pas le même pour tous les hommes, et que par conséquent il est très nécessaire de prendre premièrement la mesure d'A, *b*, avec la mesure droite, et puis avec un ruban de cuir ou de linge celle d'A, *d*, B, quand le pied est plié, comme dans la *Fig.* 2. de *b*, B., pour déterminer la juste longueur de la semelle.

Un point est $\frac{1}{4}$ de pouce de Rhynland, un peu plus que $\frac{1}{4}$ de pouce de Frise ou d'Overyssel ; car $\frac{16}{4}$ de pouce font 13 points de la mesure ordinaire dont se servent les cordonniers.

Les deux points qu'ils ajoutent ordinairement ne font que $\frac{1}{24}$ du pied, tandis que l'allongemeut pour la semelle devroit être $\frac{1}{12}$.

§. III.

Lorsque nous contemplons les pieds de nos jeunes demoiselles, asservies à la mode, nous voyons qu'ils ne touchent point la terre dans la ligne A, B. *Fig. III*; mais qu'ils font la figure courbe B, V,

T, *a*, à cause de la hauteur du talon V, S., sur lequel pose toute la gravité du corps. C'est le coude-pied qui souffre le plus.

Le pied n'a donc plus la véritable longueur B, A.; mais *d*, *a*, *b*. ayant perdu la longueur de W, *a*; c'est à dire, $\frac{2}{3}$ du talon V, S.

Le coude-pied est par conséquent plus convexe, plus arrondi, ce qu'on prend pour une beauté singulière; et le pied paroît non-seulement plus petit, mais l'est en effet.

§. IV.

Mais cet arrondissement du pied ne sauroit s'effectuer à ce point sans faire subir aux os de l'avant-pied un très-grand changement, sur-tout à ceux du tarse, comme l'os du talon et la tête de l'astragale H, et L.

Il est plus que probable, que chez la plûpart des hommes et des femmes l'os du talon, quand les pieds ne sont pas gâtés par des talons hauts, reçoit la partie antérieure de l'astragale H, *Fig. I.* avec l'éminence M, L., qui est alors divisée en deux sinuosités E et F. *Fig. IV.*, séparées par un intervalle K; très souvent néanmoins, il n'y a qu'une sinuosité, comme E, F, dans la *Figure V.* On peut faire avec raison la question suivante: laquelle des deux est la véritable ou la naturelle?

Le grand Vésale a très-distinctement représenté et décrit ces deux sinuosités (*De* C. H. *Fabr: Liv. I*, *Chap.* 33, *Fig.* 7, 8, *et* 9.) Albinus les a de même très-nettement expliquées dans son petit livre des os, (*De ossibus*), et il a très-clairement commenté Vésale §. 215. Mais il les a passées dans son livre *Sur le Squelette* (*De squeleto* in 4°. p. 503), où il ne décrit qu'une seule sinuosité, comme dans notre *Fig. V.* Aussi en a-t-il donné la figure conformément à cette description. (*Tab. Ossum XXIX. Fig.* 2. *et* 6.) On pourroit donc conclure delà que cette conformation étoit la plus naturelle. Albinus ne s'est pourtant servi que d'un seul et même squelette pour en faire faire les figures ; cette singularité ne prouve donc rien, sinon que la conformation de cet os étoit telle dans cet individu. Il est à remarquer que Winslow, dans son traité *Des Os secs* §. 901, ne fait mention que d'une seule sinuosité, et que Mr. Sue, dans ses planches précieuses pour servir d'explication à Mouro, ne représente aussi qu'une seule sinuosité *(Pl. XXV. Fig. I. B. B.)* ; quoique dans son excellent *Traité des os*, *p.* 295. il en ait décrit très-positivement deux. Bidlo a aussi donné deux sinuosités à l'os du talon dans la *Planche CV* de son ouvrage sur l'anatomie.

Il me paroît donc très-probable que ces deux sinuosités s'unissent par la gêne que les Souliers leur font essuyer

Je conserve dans mon cabinet l'os du talon d'un enfant nouveau-né, auquel il y a très-distinctement deux sinuosités. Un autre os semblable d'un enfant de deux ans environ, a aussi ces deux sinuosités comme dans la *Figure IV*. Albinus les a également représentées doubles dans ses admirables figures des os des enfans *(Pl. XII. Fig.* 81. *d*, *e)*. Il est donc évident qu'elles sont autant de fois, et peut-être plus souvent doubles, que simples ; exceptez-en les pieds des femmes auxquels je les ai toujours trouvées simples ; mais on ne doit pas s'en étonner lorsqu'on fait attention qu'elles portent toutes, à l'exception de quelques unes, des talons fort élevés.

§. V.

Je suis fâché de ne posséder qu'un squelette entier d'un homme boëteux; quoique en revanche j'aie un grand nombre d'os de la hanche et de la cuisse de boëteux de deux sexes. Si j'avois prévu l'utilité dont ils me seroient ici, j'aurois conservé quelques os des pieds.

Dans ce squelette pourtant la cuisse étoit disloquée, et la nature, par une prévoyance singulière, y avoit formé une nouvelle cavité pour recevoir la tête lutée de la cuisse.

Les deux sinuosités de l'os du talon du côté gauche se sont unies et n'en forment qu'une seule, qui est oblongue, comme dans la *Figure V.* Celles du côté droit, qui étoit le côté sain, sont encore séparées.

La raison de cette union est apparemment que le pied raccourci dans les boëteux, est soutenu, comme celui des femmes, uniquement par les orteils.

§. VI.

La tête de l'astragale H (*Fig. III*) des pieds des femmes qui se servent de talons très-hauts, est pliée en bas : cela arrive bien plus facilement aux jeunes filles, parce que le col de l'astragale est encore entièrement cartilagineux. L'os naviculaire s'enfonce aussi, et ensuite l'os cunéiforme E, G.

Le pis de l'affaire est que les surfaces, qui se touchent réciproquement entre ces os, et ceux du méta-tarse, diminuent par là si considérablement, et s'éloignent tellement de leur état naturel, qu'on ne peut plus les redresser, ni les diriger en ligne droite A, B.

C'est là la raison des grandes douleurs qu'éprouvent les femmes habituées depuis long-tems aux talons hauts, lorsqu'elles sont obligées de marcher pieds nus ou sans Souliers : elles souffrent en ces cas aux gras des jambes, parce que les muscles postérieurs *(gastrocnemii, cum soleo)* de cette partie, qui forment le tendon d'Achile, ne sont plus susceptibles d'une aussi grande tension.

§. VII.

Il arrive encore aux femmes tout ce que nous avons prouvé devoir arriver aux hommes dans la *Seconde Section* de ce *Chapitre* ; et le grand orteil se courbe vers *p* comme dans le pied de l'homme.

Les femmes du peuple en Hollande préfèrent de marcher en pantouffles, parce qu'elles ont moins de peine de la diminution de la semelle, que lorsqu'elles se servent de Souliers presque toujours mal-faits.

Le talon haut fait que le centre de gravité R, n'étant point soutenu, ni gardé par la partie latérale du pied, agit dans lá ligne R, *a*; par ou les orteils se courbent encore plus que chez les hommes ou chez les femmes qui portent des talons plats et larges.

Il en résulte donc évidemment, que les dames, à cause de leurs hauts talons sont moins fermes sur leurs pieds, et qu'elles sont souvent exposées aux entorses ; parce que les talons sont trop profondément placés sous leurs pieds, et que la semelle, qui leur sert de basse, est trop petite. L'expérience journalière est une preuve convaincante de cette vérité.

Le fameux M. André a déja remarqué dans son excellent *Traité de l'Orthopédie, Tome I, page* 68, que les talons hauts font courber l'épine du dos des jeunes demoiselles, et qu'on ne devroit pas leur permettre d'en porter avant l'âge de quinze ans. Il ajoute que les Souliers trop étroits sont de même très-préjudiciables à la taille, en tant qu'ils occasionnent de la gêne et de la douleur; et que les jeunes filles, pour éviter ces inconvéniens désagréables, contournent leurs corps en différens sens, etc.

Il est certain que les mêmes causes produiront les mêmes effets chez les hommes qui portent des talons trop hauts.

§. VIII.

Puisque nos jambes sont posées sur nos pieds, et que le centre

de

de gravité de tout le corps agit dans la ligne perpendiculaire, appelée par Borelli ligne de propension, *linea propensionis*, et représentée par R, S, dans les *Fig.* 3 *et* 6; il suit que cette ligne doit toujours être observée. Par conséquent les talons B, T, *b*, *Fig.* 6, doivent avancer sous le pied au-delà de cette ligne R, S, et avoir pour pour le moins ¼ de la longueur du pied.

Dès que l'on fait les talons plus courts, comme il est d'usage chez nos jeunes élégans; c'est-à-dire, qu'ils n'avancent pas jusqu'à R, S, mais seulement jusqu'à V, Y, et qu'ils ne soutiennent pas la ligne de gravité, ils sont repoussés en arrière, et se détachent bientôt de la semelle en T, V, et la plante du pied s'enfonce.

§. IX.

Le bois du talon des Souliers des femmes est fort échancré tant par devant que par derrière, comme T, S et B, Y, S, *Fig.* 3; et finit en pointe plus ou moins grande S. On devroit pourtant toujours avoir soin que la ligne de gravité R, S, passât par son centre, afin d'être bien soutenu en S.

Quand le talon est placé en Z, il tombe en arrière; et il cause des douleurs insupportables aux orteils lorsqu'il est reculé de S, en *b*.

Il est donc évident que le talon du Soulier, ou de la pantouffle d'une femme, tout petit que puisse être sa base S, doit supporter la ligne de propension, ou de gravité, lorsqu'elle est debout, comme je l'ai représenté dans la *Fig.* 3, par T, S, B.

§. X.

Les talons trop hauts des femmes ont encore un inconvénient

terrible lorsqu'elles accouchent. Elles sont obligées, pour se tenir droites, de pencher le corps et la tête en arrière, l'épine du dos devient alors creuse aux reins, et le bassin des hanches étroit, parce que les corps des vertèbres des lombes où ils sont attachés à l'os sacré ou grand os, qui forme la partie postérieure du bassin, sont poussés dans cette cavité ; la tête de l'enfant qui doit passer par-là est alors arrêtée, et très-souvent tellement enclavée qu'on a besoin de la tirer avec des instrumens, qui, quelque bien imaginés qu'ils puissent être, agissent toujours avec une force quelquefois préjudiciable à l'enfant ou à la mère, et souvent à tous les deux.

Je suis très-persuadé que la mode de porter de hauts talons, uniquement imaginée pour donner de la grace à la taille du beau sexe, cause beaucoup d'accouchemens difficiles, sur-tout parmi les gens riches. Les paysannes n'en souffrent pas, la bonne forme de leurs talons les en préserve.

§. XI.

Le centre de gravité de tout le corps est aussi déplacé par la hauteur extraordinaire des talons : il ne coïncide plus avec le centre de mouvement du corps, mais s'élève proportionnellement à la hauteur des talons. Cela fait que les femmes tombent plus facilement, qu'elles se font des entorses, et que, ne pouvant marcher avec assurance, elles s'exposent à des chûtes fréquentes. Il est plus que probable que ce sont toutes ces circonstances qui leur font si souvent casser la rotule du genou. Cet accident arrive très-rarement aux hommes, à l'exception cependant des portefaix qui montent chargés de grands poids aux magasins, comme à Amsterdam.

J'ai démontré les différens accidens occasionnés par la distance qu'il y a du centre de gravité à celui du mouvement du corps, dans un *Mém. sur l'éducation physique des enfans*, qui se trouve dans la

Première Partie du Tome VII des Mém. de l'Acad. de Haarlem; et ceux de la rotule dans une dissertation latine sur la fracture de ce petit os, *De Patellá fractá*, publiée en 1754. Les curieux pourront y trouver une explication très-ample de ces deux inconvéniens. Pour ne pas fatiguer mes Lecteurs, je vais traiter de la plante du pied.

CHAPITRE III.

De la Plante du Pied.

§. I.

La plante du pied est généralement faite de la façon que je l'ai représentée dans la *Figure. VIII.* La partie qui comprend les orteils E, D, B, en F, F, en fait le tiers; quoique les peintres, en général, ne soient pas d'accord entre eux sur cela. Quelquefois ils négligent eux-mêmes la règle; car Albert Durer qui adopte la proportion d'un $\frac{1}{3}$ dans son premier *Livre sur les proportions de l'homme*, *pag.* 55, l'a fait de $\frac{2}{7}$ à la *pag.* 22.

J. De Wit, qui peignoit en camaïeu avec tant de magie, nous a donné un très-mauvais ouvrage sur les proportions, que les Hollandois suivent faute de mieux; et en effet, ils n'ont rien de plus satisfaisant depuis Alb. Durer. Dans le profil de l'homme *Pl. III.* de Wit a donné plus d'un $\frac{1}{3}$ du pied aux orteils; mais dans celui de la femme, qui est une mauvaise copie de la Vénus de Médicis, il les fait de $\frac{1}{3}$, comme Alb. Durer. Dans les dessins de la Vénus, *Vol. III des Planches du Dict. Encycl. Pl.* 38. *Fig.* 9, on trouve $\frac{2}{7}$ pour les orteils. A ceux de l'Antinoüs *Pl.* 34. *Fig.* 9. *et* 10. un $\frac{1}{3}$.

Dans l'Hercule Farnèse les orteils sont encore plus grands. Les miens font à peu près $\frac{1}{3}$.

§. I I.

Les orteils sont naturellement toujours parallèles au diamètre A, B, comme je les ai dessinés dans la *Fig.* 8; savoir, lorsque le pied n'est pas gâté par de mauvais Souliers.

Alb. Durer, qui semble n'avoir jamais vu que des pieds estropiés par négligence, leur donnoit une direction oblique : *ib. p.* 55. ; comme si la nature devoit suivre aveuglément nos caprices ridicules.

Dans tous les pieds on trouve l'orteil voisin du grand orteil, ou le second en rang, plus long que les autres; aussi est-il un peu proéminent; mais le Soulier, le repoussant en dedans, lui donne en même tems une direction oblique. C'est pour cette raison que non seulement Alb. Durer, et J. D. Wit, mais le grand Albinus même, l'ont représenté comme difforme et poussé en-dedans. L'un et l'autre sont tombés dans cette erreur, parce qu'ils ont négligé l'étude des anciens, qui ont suivi la belle nature, témoin l'Hercule Farnèse, l'Antinoüs, le Gladiateur et la Vénus de Médicis.

Albinus, ou, si vous voulez le disculper, Wandelaar est tombé dans le même défaut : car dans les *Planches XXXII.* et *XXXIII.* des os, il a, ainsi que les autres, imité, sans y faire aucune attention, la mauvaise forme du pied : il a fait le second orteil plus court que le pouce ou grand orteil du pied, avec l'articulation courbée et tournée en haut, comme nous l'avons donné d'après lui dans la *Figure I.*

Nous n'osons rien dire de la *Planche CV* de Bidlo, parce que les figures, par leurs grandes défectuosités, ne peuvent nous servir d'exemple, et encore moins de preuve pour constater la véritable proportion du pied et de ses parties.

La *Planche XXIX* de Cheselden a le même défaut ; c'est Vesale qui a bien représenté la vraie nature, *pag.* 173, *édit. d'Operinus.* B. Genga l'a suivi dans la *Planche IX* de l'*Anatomia per uso e intelligenza del disegno.* M. Sue a également été attentif à cela dans la *Figure* 2 *et* 3 de la *Planche XXIV, sur l'Ostéologie de Mouro.*

Il est donc incontestable que le second orteil Z, *Fig.* 8, doit être plus long que le grand orteil F ; puisque les anciens, dont les pieds ne se gâtoient pas tant par une semelle ou par le sandale, ont constamment observé cette proportion dans toutes leurs statues, de même que les artistes qui ont été très-attentifs à ce que la belle nature a produit le plus souvent; comme on le peut voir dans les admirables gravures en bois de Vesale, dans les tailles douces de Genga et de M. Sue.

Bidlo, Cheselden, et Albinus ont imité, comme nous l'avons déja indiqué, la nature viciée par la mauvaise forme des Souliers.

§. III.

Dans les villages de la Hollande, il est d'usage parmi les paysans de faire pour chaque pied un Soulier; c'est-à-dire, un Soulier pour le pied droit, et un pour le pied gauche; ils façonnent la semelle comme A, M, D, K, B, I, E, Q, N, A, dans la *Fig.* 8 ; ce qui est non-seulement sensé, mais s'accorde parfaitement avec la forme naturelle de nos pieds.

Les sabots, les premiers Souliers selon toute probabilité qui ayent été portés, se font encore aujourd'hui avec les mêmes précautions.

Pourquoi ne suit-on donc pas dans les villes la même manière, puisqu'elle est bonne ? C'est un ancien usage assujetti à une mode très-peu raisonnable, de faire les Souliers sur la même forme, quoique nos deux pieds diffèrent beaucoup entre eux : ce n'est cependant pas là la seule absurdité ; on y ajoute celle de donner à la semelle, et par conséquent au Soulier, la figure régulière A, O, D, S, B, R, E, N, *Fig.* 8.

Peut-être trouve-t-on trop de difficulté à faire une forme droite égale à la gauche à contre-sens, et pourtant conforme.

Cette conduite ridicule donne cependant occasion à des suites déplorables. En premier lieu, le grand orteil est poussé assez violemment en E, R, B, et le petit orteil en D, S, B. Les autres ne sont pas moins gênés, et souvent contraints de se placer l'un sur l'autre, en changeant leur figure ronde en quadrangulaire : marque certaine d'une violence démesurée. Voilà donc les pernicieuses suites d'une pareille semelle.

Secondement, le pied est poussé hors et au-delà de la semelle A, O, D, jusqu'à A, M, D; tandis que l'articulation du grand orteil est tuméfiée, et poussée hors de son assiette naturelle en E.

Troisièmement, cette mauvaise figure est cause que les jeunes gens usent leurs Souliers très-inégalement en biais. Le talon du pied dans ce cas glisse ou en-dedans ou en-dehors, parce que la diagonale du mouvement du pied ne s'accorde plus avec celle du Soulier : tout ceci arrive encore plus décidément quand les talons sont élevés.

§. IV.

Les considérations que nous avons exposées nous prouvent d'ailleurs :

1°. Que jamais un même Soulier ne peut aller bien aux deux pieds sans que le pied ne perde sa forme naturelle.

2°. Que le changement des Souliers ne peut jamais prévenir les défauts des semelles.

3°. Que tout cela étant vrai, les orteils sont toujours gâtés et rendus inutiles, non-seulement pour une marche accélérée, mais pour plusieurs autres exercices ; c'est-à-dire, pour se servir des pieds comme des mains, dont ils ne semblent être qu'une modification.

Nous avons prouvé clairement cette faculté par l'exemple du monstre sans bras, et par plusieurs autres tirés d'Uliss. Aldrovande. Il est de même arrivé en Nord-Hollande, si je ne me trompe, qu'une fille née sans bras, s'est servi de ses pieds comme de ses mains pour faire toute sorte d'ouvrages. Aussi ne trouve-t-on personne aujourd'hui un peu versée dans l'histoire des vies de nos plus célèbres peintres, qui ne sache que J. Ketel a peint premièrement avec la main, après cela avec son pied et ses orteils ; qu'il a même fait plusieurs portraits dont l'art et la ressemblance ont été admirés de tout le monde. On n'a qu'à consulter les livres de Hoogstraaten et de Houbraaken, pour en être convaincu.

CHAPITRE IV.

De la Démarche en général.

§. I.

VOULANT traiter de la démarche, nous devons avant tout représenter l'homme se tenant debout ; et pour mieux remplir notre objet, examiner les observations que le célèbre Borelli nous a laissées dans son excellent ouvrage sur le mouvement des muscles, particulièrement dans les 135e, 137e et 138e *propositions*. Nous viendrons ensuite à la marche, que ce grand homme a si bien exposée dans la 155e jusqu'à la 161e *propositions du Chapitre XIX.*

Comme nous n'avons proprement qu'à expliquer la façon dont nous levons les pieds, nous pouvons entendre par A, C, B, de la *Fig.* 9, la longueur de toute la jambe et du pied, tournant dans la cavité de la hanche en A. Le genou sera désigné par C.

Supposons que l'homme, appuyé sur son pied droit, commence à marcher le long de la rue G, F. Il est certain, en ce cas, que s'il y a une pierre E, B, en B, ou bien que, par l'inégalité de la rue, une pierre s'élève en pointe en E, il la heurtera. Mais, d'un autre côté, si les talons de ses Souliers se trouvent hauts comme E, B, et que le centre de mouvement de la hanche monte à D, il ne la touchera point, parce que le pied portera de H en I.

D'où il suit évidemment qu'il ne doit porter des talons plus hauts qu'autant que les pierres des rues qu'il parcourt le plus souvent se trouvent plus ou moins inégales.

§. I I.

Mais si les semelles sont tout-à-fait plats, on heurtera plus aisément des bouts des orteils, que quand ces bouts sont un peu relevés, comme on les faisoit autrefois : c'est pour éviter un pareil inconvénient qu'on prend cette précaution lorsqu'on fait des sabots.

On se heurtera aussi plus ou moins souvent les bouts des pieds, selon qu'on marchera plus ou moins vîte : d'où il suit qu'une personne qui ne se promène que dans sa maison, ou dans son jardin, et qui

qui, se faisant transporter en carosse de maison en maison, se tient par conséquent pour la plupart du tems assis ; ou qui ne fait que se promener à son aise, pourra porter des Souliers tels que bon lui semblera; mais les bourgeois ont tort d'adopter la mode des grands.

Il est de même aisé à comprendre pourquoi les Souliers avec des semelles de liége sont rarement en usage : c'est parce qu'ils sont très-incommodes dans la marche, à cause de la roideur de la semelle, qui ne cède pas ; ils sont donc bons pour les riches.

Le liége d'ailleurs attire insensiblement l'humidité, et la neige y pénètre fort aisément : ils sont donc assez inutiles en hiver.

Pour revenir à la forme de la semelle, et à l'utilité du relevement de son bout, je remarquerai, si l'on me pardonne la comparaison, qu'on recourbe aussi dans la partie méridionale de la France le devant des fers des mulets, comme nous faisons ceux de nos patins pour aller sur la glace ; afin qu'ils ne heurtent pas à tout moment les pierres et les différentes aspérités qui se trouvent sur les chemins.

Comme ceci est une suite physique de la façon de marcher, elle peut servir de règle constante à tout ce qui marche : il est aussi évident, que cette théorie est seulement appliquable aux Souliers des hommes et des femmes qui se servent d'une pareille chaussure.

§. III.

Les femmes riches marchent (comme nous l'avons démontré dans la *Fig. III*) à cause de la hauteur des talons, sur les bouts des pieds, et par conséquent très-mal ; elles marchent, s'il est permis de faire cette comparaison, comme la plûpart des quadrupèdes, sur les orteils seulement.

Le talon haut empêche bien nos femmes de se heurter contre les pierres inégales, mais jamais elles ne peuvent marcher à leur aise que dans leurs maisons et dans les rues dont le pavé est uni; ce qui prouve assez l'utilité des talons plats et bas. Aussi les femmes obligées de marcher beaucoup, comme celles du peuple, sur-tout à la campagne, préfèrent-elles les Souliers d'homme.

§. IV.

Les personnes qui boëtent, quand elles sont âgées, et que l'articulation est bien affermie, doivent sur-tout porter toujours un talon haut sous le pied raccourci.

C'est une nécessité physique chez elles de marcher sur les orteils, à l'instar des femmes, comme nous l'avons prouvé dans la *Fig.* 3; mais le talon est dans ce cas seulement un moyen pour se soutenir mieux, et pour rendre les deux pieds, autant que possible, de la même longueur.

Je suis même porté à croire que l'on doit placer un talon haut sans délai sous le pied raccourci des boëteux; sans quoi ils sont nécessités de courber le genou sain en marchant, ce qui donne non-seulement un aspect désagréable, mais augmente encore la force de la descente du pied raccourci; la tête de la cuisse est poussée par-là plus en haut, et le pied s'amaigrit.

Il est de même très-nécessaire de ne point placer de talon non-seulement sous l'os du *calcaneum*, mais aussi sous les orteils, *a*, U, *Fig.* 3, comme *a*, U, *r*, *q*; car plus on lève les deux pieds à une hauteur égale de la terre, pourvu que le corps soit assez robuste, plus la marche est aisée et naturelle.

§. V.

Les enfans naissent souvent avec des pieds contournés, les bouts en-dedans, qu'on nomme *pieds-bots* : quelquefois, il n'y en a qu'un seul de travers. Cela arrive dans le sein de la mère, faute d'espace. Les os du pied, nommément les cols des astragales, sont par là poussés hors de leur état naturel au point que l'expérience m'a convaincu de la difficulté de les redresser, et l'anatomie en montre l'impossibilité.

J'ai eu occasion de disséquer un pareil enfant en 1777. Je découvris alors que les deux astragales essuyoient une grande compression dans leurs cols H, *Fig* 1. Lorsque cela a lieu, on voit que l'avant-pied est fortement tiré en-dedans par le muscle antérieur de la jambe, le *tibialis anticus*, et par le postérieur, ou *tibialis posticus*, qui s'unissent à l'os cunéiforme E, G, en F, et à la tubérosité de l'os naviculaire en G *Fig. I.* Albinus a très-distinctement représenté les diverses insertions de ces deux muscles dans sa *Planche XXIV* des muscles, *Fig. VI*, *VII*, *XII*, *XIII* et *XIV*.

Les muscles du péroné perdent par là leur force, et ne sont plus capables de tirer le pied en-dehors : moyennant quoi l'astragale se trouve encore plus poussé en-dedans ; et par conséquent encore plus estropié. Mais ce n'est pas tout : l'os *calcaneum* devient même oblique, et sa tubérosité N, *Fig. I.* courbée vers B, par le petit flexeur et l'abducteur du grand orteil. La longueur du levier I, N, se raccourcit par là évidemment, le tendon d'Achille perd en même tems son action ; et voila les véritables raisons de la difficulté de raccommoder et de redresser ce vice de conformation.

La contraction du pied, et du talon sur-tout, est si forte que les malheureux enfans ne peuvent jamais toucher la terre avec le talon du pied ; parce que les muscles tibiales et péronés, naturellement antagonistes, pour ainsi dire, du muscle *solens* et du *gastrocnemiens*, comme aussi du muscle *plantaris-longus*, n'ont pas assez de force pour faire équilibre avec tous ces muscles si grands et si forts.

Le célèbre Mr. Van der Haar, chirurgien-major de l'hopital de Bois-le-Duc, a inventé de petites machines de bois, excellentes dans les cas peu graves. Cheselden a proposé un bandage fort commode. D'autres ont parlé de bottes d'acier. Toutes ces machines ont un certain mérite ; malgré cela je suis obligé de confesser, pour rendre hommage à la vérité, que je n'ai réussi que très-rarement. Les bottes d'acier même, auxquelles je devois pourtant avoir recours, pas tant pour redresser les pieds que pour empêcher une subluxation de la cheville du pied, ont été inutiles ; car si l'on n'y remedie pas, les malades marchent à la fin, non pas sur la plante, mais entièrement sur le bord extérieur du pied ; et la plante du pied, au lieu de se mettre plat à terre, se pose verticalement.

Les pieds ou les jambes de ceux qui ont des pieds-bots, sont toujours plus minces. Je n'en comprends pas la raison, puisqu'il n'y a ni défaut dans la nutrition, ni compression des nerfs qui pourroient arrêter le cours du prétendu suc nerveux ou esprit animal.

CHAPITRE V.

Des Propriétés du Soulier.

§. I.

LE Soulier se divise en semelle et empeigne : on attache le talon à la Semelle.

L'empeigne, comme dans la *Fig.* 6, est composé de A, X, T, A, ou de K, L, M, T, A, l'empeigne proprement dit, et le quartier T, M, H, F, C, E, B, etc., et du coude-pied ou oreille C, D, qui ne fait souvent qu'une pièce avec l'empeigne, ou bien elle est faite d'une pièce séparée, cousue à la partie principale.

Les quartiers finissent en courroies, qui sont attachées par une boucle F, C, ou par une rosette faite de ruban de toute espèce, ou de cuir même.

§. II.

COMME nous avons déja assez parlé de la semelle et du talon, nous allons considérer le quartier dans trois différens cas.

1°. Quand la boucle est à la plus grande hauteur, en F, C, le bord supérieur C, E, est parallèle à A, B, et la partie inférieure F, H, M, T, est cousue à l'empeigne, ensorte que H, reste parallèle à C, E.

La direction suivant laquelle le Soulier vient d'être affermi au pied, est alors dans la ligne O, B, et c'est lorsque le Soulier embrasse le plus le pied; le tendon d'Achille, ou la face postérieure du talon du pied ne sera pas comprimée en E. En un mot, quiconque ne marche, ni ne monte, ni ne descend beaucoup, trouvera cette position de la boucle la plus commode; mais le pied paroîtra dans ce cas là très-long.

2°. Lorsque la boucle se trouvera placée en K, H, la direction dont elle agira, sera dans la ligne g, B, et le bord supérieur du quartier sera H, I, si peu éloigné du fond du Soulier T, B, qu'il n'y aura pas moyen d'attacher fermement le Soulier; ou bien le talon du pied sera fortement pincé en J, ou sera si lâche, que le talon du pied en sortira dès le moment que le talon du Soulier T, *b*, sera arrêté par la boue, ou par quelqu'autre cause.

Cette position de la boucle par conséquent est la moins convenable, et malgré cela elle est la plus recherchée par le bas peuple, par les mousses, et les gens de qualité des deux sexes.

Dans la troisième position la boucle sera placée entre les deux premières en O, N, et reposera sur le milieu du coude-pied, et par là même n'incommodera pas : 1°. parce que le Soulier tiendra bien; 2°. vu que dans les mouvemens du pied en arrière vers R, P, ou en avant vers R, Q, il y aura moins de gêne en G, à cause du peu de mouvement que le tendon d'Achille subira dans ce cas. Au lieu que le bord supérieur du quartier incommode extrêmement quand le pied est fortement tendu, lorsque la boucle est placée aussi haut que C, F.

3°. La boucle ne gênera pas non plus quand la jambe sera pliée en avant, lorsqu'on montera une montagne ou un escalier; puisqu'elle se trouvera alors au-dessous du pli que la jambe forme avec le pied. Car dans le premier cas la boucle fait une forte pression sur les tendons antérieurs ou sur les muscles qui meuvent l'avant-pied et qui étendent les orteils.

§. III.

La meilleure position pour la boucle est d'être placée ni trop haut, ni trop bas, mais sur le coude-pied, précisément là où le ligament triangulaire lie les tendons des extenseurs des orteils aux os du pied, comme en O, N. C'est l'endroit qu'Albinus a représenté par ×, λ, dans la *Planche IX* des muscles.

Un Soulier formé et attaché de cette façon, gênera par conséquent le moins possible, soit qu'on courre ou qu'on marche, qu'on monte ou descende. Il sera donc préférable à tout autre.

§. IV.

Lorsque le Soulier est attaché par des courroyes, rubans, rosettes etc., la direction se trouve dans les lignes obliques O, B, N, B, *g*, B. Mais puisqu'il n'y a point de proportion entre le bord supérieur du Soulier C, E, ou H, I, et les lignes F, *h* et K, L, il n'est pas possible que les courroyes, ou rubans puissent jamais bien attacher le Soulier au pied.

Il est très-probable, que les boucles ont été préférées pour cette raison aux courroyes; mais quand elles sont petites, et n'ont qu'une langue, alors leur effet ne diffère guère de celui des rubans, et l'on ne gagne qu'à les attacher plus aisément.

Les grandes boucles à deux crochets et à deux langues gênent, au contraire, toujours; parce que leur forme bombée ne répond pas à la forme du coude-pied, qui n'a point une figure circulaire, mais celle de A, B, D, C, (*Fig.* 7.), qu'Albert Durer a très bien représentée à la *pag.* 55 en *f.*

La boucle G, F, E, pincera donc toujours le coude-pied en B, F, ou sur les côtés, quand elle sera extrêmement grande; à moins qu'on ne fasse faire une boucle droite et une boucle gauche, et qu'on ne fasse mouler la courbure sur les pieds mêmes.

Le pied devient plus plat sur le devant, comme Alb. Durer l'a représenté en *e*; c'est-à-dire, comme C, H, A; ensorte que le devant du pied est plus fait pour recevoir une grosse boucle, mais platte comme son dos. La grandeur moyenne sera en tout cas la meilleure.

Une boucle à deux langues ferme les quartiers en F, H, mieux, et avec plus de précision. Mais comme les boucles servent aujourd'hui plus pour l'ornement du pied que pour l'utilité, il n'est pas fort probable que nos élégans préfèreront le juste milieu. La grandeur excessive et choquante des boucles, qui couvrent tout le pied, prouve bien que l'on n'a pas beaucoup d'égard à mes remarques.

§. V.

Lorsqu'on applique tout ce qui a été dit au sujet des quartiers et des boucles d'hommes, aux pieds des femmes, il est évident que la boucle placée comme chez les hommes, conviendroit le mieux; mais le pied paroît alors trop grand, ce qui choque la vanité; car les femmes aiment non-seulement à avoir un petit pied, mais les hommes attachent à cette difformité, par une habitude singulière, une beauté qui n'est pas moins ridicule que celle des Chinois.

Quand on place les boucles trop avant sur les pieds, comme en K, H (*Fig.* 6), on ne sauroit alors fermer le bord du quartier sans qu'il ne pince horriblement le talon du pied; aussi en sort-il tout de suite lorsque les femmes marchent dans la terre glaise : on voit cela sur-tout parmi nos jeunes paysannes, qui n'ont pas moins de vanité que les dames.

Les

Les femmes riches, et toutes celles qui n'ont pas besoin de marcher beaucoup, pourront placer la boucle sur l'union de l'avant-pied avec le pied; c'est-à-dire, en E, *Fig.* 3; puisque E, *n*, est la position la plus basse qu'on puisse donner au bord supérieur du quartier E, *n*, pour qu'il serre bien le pied.

§. VI.

Les Souliers des enfans doivent être faits dès le commencement de façon qu'ils puissent bien serrer le pied sans le gêner en aucune manière. Toutes les parties qui deviennent ensuite os, sont dans les premières années, non-seulement cartilagineuses, mais de la substance la plus tendre. De sorte que nos pieds sont déja déformés avant que nous ayons six mois. Il faut en excepter les Sauvages, et tous ceux parmi nous qui laissent aller leurs enfans pieds nus par nécessité.

Locke ne parle point du tout de la forme des Souliers pour les enfans; il les veut seulement très-minces (§. 8, *p.* 5), afin que l'eau y puisse pénétrer plus aisément. Il critique pourtant dans le §. 13 de son excellent *Traité sur l'Éducation des Enfans*, les pieds des Chinoises; il y attribue leur mauvaise santé et la facilité de broncher.

Il est cependant très-certain que nous donnons à nos enfans, même avant qu'ils ayent six mois, des Souliers faits sur une même forme, et qui doivent, par tout ce que nous en avons dit, non-seulement gêner, mais déformer les os tendres et délicats de leurs pieds, et principalement de leurs orteils.

Bientôt après nous leur donnons des Souliers encore plus mauvais, avec des quartiers roides vers le talon, et avec des semelles fortes; c'est la première époque tant de la courbure des orteils, que de la difformité totale du pied.

V

§. VII.

Je ne fus pas peu surpris lorsque, lisant la *Dissertation couronnée* de M. Ballaxerd, *Mém. de l'Acad. de Haarlem, Tom. VII, part. II*, je vis qu'il recommandoit les sabots aux enfans de trois ou quatre ans, jusqu'à huit ou dix ans, sur-tout sans talons; car il attribue l'obliquité des pieds de la plupart des enfans au mauvais usage des talons.

Il est très-vrai qu'on fait les sabots pour chaque pied séparément; mais est-il probable qu'un pied encore délicat et pour la plus grande partie cartilagineux, se forme bien par une lourde masse de bois, d'une figure bisarre et immobile?

On a depuis peu introduit chez les riches la mode de laisser aller long-tems les enfans pieds nus, du moins dans la maison; je ne puis qu'applaudir à cet usage.

Lorsque j'écrivois sur l'éducation physique des enfans (comme l'on peut voir dans le même vol. des *Mém. de l'Acad. de Haarlem, pag.* 393) je n'ai que légèrement touché l'article des Souliers: je n'avois pas alors examiné ce sujet avec autant d'attention qu'aujourd'hui; sans quoi j'aurois dû appuyer davantage sur la meilleure forme des Souliers pour ces créatures délicates; d'autant plus que nos pieds se gâtent dès l'instant que nous commençons à marcher.

CHAPITRE VI.

De la meilleure Forme des Souliers.

§. I.

IL résulte de ce que nous venons de prouver dans les *Chapitres précédens*, que le Soulier le plus propre à tout homme dont le devoir est d'être actif, exige 1°. que la longueur de la semelle soit proportionnée à la longueur nécessaire pour permettre l'allongement de la plante du pied plié; savoir à *c*, B, *Fig.* 2. Le cordonnier doit donc mesurer premièrement le pied posé à plat; ensuite ce même pied étant plié, c'est-à-dire, A, *d*, B, comme nous l'avons indiqué dans la *Figure* 2.

2°. Il faudroit pour chaque pied une forme différente.

3°. La vraie largeur du pied, E, D, N, M, (*Fig.* 8.) devroit être prise avec un compas courbé, à pointes émoussées, afin de ne pas blesser. On imiteroit en cela les habiles perruquiers de Paris, qui prennent de cette façon la mesure de la tête, pour que la calotte de la perruque serre la tête de tout côté.

La plupart des cordonniers péchent en faisant les semelles trop étroites, se flattant que les empeignes se prêteront suffisamment, afin que le Soulier aille mieux; c'est-à-dire, qu'il soit sans plis : ils s'embarrassent au reste très-peu des souffrances qu'ils causent. L'exemple de la semelle A, N, E, R, B, S, D, O, (*Fig.* 8) que j'ai dessinée d'après un modèle nouvellement venu de Paris, et destinée pour la plante du pied A, I, Z, K, M, A, (*Fig.* 8.) servira de preuve.

Comme les deux Souliers se font sur la même forme, il vaut encore mieux que la semelle soit aussi large que possible, et que la décence le permet.

4°. Que le bout du Soulier soit rond pour donner plus de place aux orteils ; c'est-à-dire, qu'il ait la forme E, I, Z, B, K D, (*Fig.* 8).

5°. Le bout du Soulier doit aussi être un peu relevé, afin de passer plus aisément sur les pierres inégales.

6°. Le talon ne doit être haut que selon l'inégalité des rues qu'on a à parcourir ; et placé suffisamment sous le talon du pied, pour qu'il reçoive, ou plutôt soutienne le centre de gravité.

7°. L'empeigne et les quartiers doivent être tellement disposés, que la boucle touche les os cunéiformes, précisément à l'endroit où les os de l'avant-pied ou méta-tarse du grand orteil, et les deux autres sont unis entre eux ; c'est-à-dire, sur E, (*Fig.* 1).

C'est de cette façon là que les Souliers doivent être faits, tant pour les hommes que les femmes et les enfans ; afin qu'ils marchent commodément, fermement et sans peine, et pour ne pas être assujettis aux différens accidens, aux oignons, aux cors, aux tumeurs sur les articulations, aux crévasses du coude-pied, et pour prévenir les entorses et les foulures des tendons des extenseurs des orteils.

Un Soulier fait de la sorte est le meilleur dont j'aie pu donner la description, et procure des avantages au-dessus de tous les autres.

§. II.

Mais est-on obligé de céder à l'usage et à la mode ; veut-on satisfaire son amour-propre en paroissant plus grand qu'on n'est ;

prétend-on avoir le pied plus petit qu'on ne le doit suivant les justes proportions de notre taille ; veut-on donner au pied une forme contraire à l'usage pour lequel il est destiné, uniquement pour se soumettre servilement à une mode tyrannique et ridicule? Dans ces cas on doit se résigner et supporter tous les inconvéniens et toutes les peines et suites qu'un Soulier mal fait peut occasionner, et qu'on ne sauroit empêcher à moins d'un miracle.

Les femmes peuvent néanmoins exiger du cordonnier, qu'il place le talon de sorte que le centre de gravité passe par le milieu de la base, comme nous l'avons représenté en R, S, (*Fig.* 3), et que cette base, ou semelle S, soit aussi grande que possible sans choquer l'usage reçu.

Elles peuvent ordonner qu'il fasse la semelle assez large, et que la boucle soit placée sur E, (*Fig.* 1, 2 *et* 3), dont nous avons prouvé la convenance.

§. III.

On est absolument obligé de faire faire la semelle très-large aux enfans, et le bout plutôt applati que pointu ; on doit sur-tout éviter toute roideur au bout ; et les cuirs forts que les cordonniers appelent *pâtons*, si je ne me trompe.

§. IV.

L'empeigne doit être faite d'un cuir, ou d'une substance molle, qui prête; et lorsqu'on choisit pour la résistance un cuir fort, et qui, pour cette raison, ne cède pas, on doit empêcher que le cordonnier ne le tende trop fortement sur la forme, et sur-tout qu'il ne mouille le cuir avant de l'appliquer : car le cuir se rétrécit lorsqu'il se sèche, et pince alors cruellement le pied. On prévient par ces précautions, plus ou moins, les défauts des semelles ; car si l'on veut volontairement se soumettre à un esclavage pénible et ridicule, il sera du moins tant soit peu adouci par ce moyen.

J'ai dû faire mention de toutes ces précautions, parce que les remèdes que la médecine peut fournir seront inutiles, si on ne songe, en même-tems, à en diminuer et prévenir les causes.

CHAPITRE VII.

Des Incommodités causées par les mauvais Souliers, et de leurs Remèdes.

§. I.

L'AUTEUR de la nature prend soin des plantes de nos pieds avant que nous soyons nés, en leur donnant une peau plus forte, et un épiderme ou sur-peau plus épais qu'aux autres parties de notre corps.

Cette peau s'épaissit insensiblement lorsque nous marchons pieds nus ; et, par une providence singulière, au lieu de subir un détriment, qui est l'effet ordinaire du frottement des corps inanimés, elle devient épaisse et calleuse de plus en plus.

Un Soulier, quelque artistement qu'il soit fait, pince et frotte le pied, et cause un détriment, sur-tout aux endroits où la peau, très-mince, n'est point faite à des efforts violens; c'est là ce qui occasionne principalement les callosités et les cors. La callosité est supportable tant qu'elle ne se fend pas ; mais dès que cela arrive, elle devient douloureuse, occasionne des hémorragies et des oignons, dont nous parlerons dans la suite.

Arrive-t-il qu'une callosité de cette espèce se place au talon, que le bord du Soulier, à cause de la petitesse de la semelle, presse inégalement ? alors pour premier remède, on doit faire un Soulier convenable ; et, en second lieu, corriger peu à peu la callosité par des remèdes émolliens : l'emplâtre *é gummi*, celui du galbanum, la cire verte, et tout ce qui est de cette nature peut y être employé ; mais si l'on ne corrige pas la pression causée par le Soulier, on se flattera en vain d'une guérison parfaite.

Il arriva que le gros orteil du pied d'un de mes amis qui demeuroit à Amsterdam fut attaqué d'une semblable callosité : on chercha pendant plus d'une année à guérir ce pied par des remèdes d'ailleurs trés-bons, mais sans aucun succès. Le malade fut obligé de garder la maison, et de négliger ses affaires à cause des douleurs insupportables qu'il éprouvoit en marchant.

Ayant été appelé, j'examinai ce pied, et la croûte calleuse qui étoit sous la partie antérieure du grand orteil : je fis de liége une espèce de canal, je coupai et j'ôtai avec la lime tout ce qui pouvoit nuire par la compression, et je garantis ainsi cette partie contre toute compression dans la marche. J'assujétis ce petit canal de liége à l'orteil par un ligament de chamois pour ne pas gêner la circulation. Le succès en fut si heureux, que le patient se vit dans le moment même en état de vaquer à ses affaires sans difficulté et sans la moindre douleur ; desorte qu'il fut entièrement guéri en moins d'une demi-année, parce que les emplâtres émolliens purent produire leur effet, du moment que la compression fut empêchée.

Une semblable guérison à la partie extérieure D, K, *Fig.* 8. a confirmé cette bonne méthode.

§. II.

LORSQUE le quartier H, I, ou F, G (*Fig.* 6) est trop serré par le ruban qui l'entoure, ou que la couture E, B, ou G, B, au lieu d'être droite sur A, B, est coupée obliquement en-dedans, il arrive souvent que le talon du pied sur le tendon d'Achille, quoique déja garanti par une callosité, s'enfle et devient douloureux; ensorte que le Soulier doit être ôté, ou les quartiers repliés. Dans ce cas, il faut du tems, et l'on y doit appliquer une embrocation faite d'huile et de vin blanc, ou de vinaigre bien amalgamé, afin d'adoucir et de dissiper le mal; mais il faut sur-tout faire faire des Souliers qui ne pincent pas en cet endroit.

§. III.

Cependant la torture à l'articulation intérieure du grand orteil est infiniment plus cruelle, (*Fig.* 8, E) sur-tout quand la semelle est trop étroite en E, et l'empeigne si serrée et si roide qu'elle ne cède point du tout. L'articulation s'enfle alors, devient rouge, et j'ai observé plus d'une fois que la petite poche sous la peau, formée à cet endroit par la nature même, et semblable à celle du genou et du coude, se remplit d'une matière fluide.

Les mêmes accidens arrivent aussi à la partie extérieure de l'union du petit orteil avec l'os de l'avant-pied. Un Soulier plus large est d'abord nécessaire, puis un liniment, ou une embrocation semblable à celle que j'ai prescrite pour le talon.

§. IV.

Lorsque la semelle est trop courte, et l'empeigne trop forte, ensorte que le Soulier ne puisse céder ni au talon, ni au grand orteil, on voit naître des oignons sous l'ongle du grand orteil, qui sont extrêmement douloureuses.

Il faut y remédier sur-le-champ par un meilleur Soulier, ensuite

on

on doit découper l'ongle jusque sur l'oignon : j'ai vu de ces oignons qui étoient enfoncés un quart de pouce sous l'ongle.

Ces oignons s'évanouissent d'eux-mêmes dès qu'on a ôté la pression : sinon, il faut les ramollir par des emplâtres que j'ai recommandées ci-dessus.

Quand on les touche avec la pierre infernale, ou le beure d'antimoine, les oignons deviennent très-malins et dangereux. Le mal n'est proprement pas une dégénération primordiale, mais il est la conséquence d'une pression perpétuelle. On force et on oblige l'orteil à cette maladie ; il est donc nécessaire de prévenir la cause, afin d'empêcher l'effet.

§. V.

Le vice le plus commun et le plus douloureux, sont les cors, que C. Celse, P. d'Egine et Aëce ont très-bien décrits. Les cors viennent le plus souvent aux articulations proéminentes des orteils, comme dans la *Fig.* 2 et 3, *f* et *p*, et sur le côté du petit orteil S, *Fig.* 8.

C'est l'épiderme qui est naturellement très-mince à ces endroits ; mais qui par la compression continuelle s'épaissit, et s'endurcit comme de la corne.

Voici les progrès de cet accident. Dans le commencement l'endurcissement est grand comme la tête d'une épingle ; un second épaississement succède, qui est un peu plus grand, et ainsi de suite, jusqu'à ce qu'il s'y forme une espèce d'épine, qui comprime l'expansion aponevrotique des articulations et y cause une douleur horrible, que mes lecteurs connoîtront probablement mieux par l'expérience, que par la description la plus exacte que je puisse en donner.

Les cors viennent aussi entre les orteils qui se touchent : il y en a qui attaquent la plante des pieds. Tous, en général, rendent la marche presqu'insupportable.

Des Souliers bien-faits, commodes et assez larges sont, dans tous ces cas ci, le meilleur remède : après cela je ne connois rien de plus efficace que l'onguent de grenouilles avec le mercure quadruplé, (*unguentum e ranis cum mercurio quadruplicato*). On met une petite tablette ronde de cet onguent sur une demi-fronde, ou *funda*, faite d'une bonne emplâtre conglutinative : cette tablette est appliquée à l'endroit lésé, sur le cor ; on entoure l'orteil avec les deux extrémités de la fronde, et on garantit le tout par un bandage commode.

Il n'est pas nécessaire d'observer sans doute qu'on doit premièrement ôter toute la callosité qui est à l'entour avec un canif bien tranchant ; parce que cela abrège beaucoup la guérison. Voila les meilleurs et les principaux remèdes contre cette terrible incommodité.

C. Celse prétend (*Liv. V. Chap.* 28. *p.* 335) qu'on doit premièrement diminuer les cors avec un scapel par abrasion, et qu'on y doit appliquer après de la résine. Paul d'Egine a écrit tout un chapitre sur ce sujet (*Liv. IV. Chap.* 80). Il est entièrement conforme à Celse ; mais il propose la pierre ponce au lieu de scalpel, pour les diminuer ; après cela toute sorte de remèdes émolliens et astringens, comme *l'attramentum hitorium*, qui ne diffère pas beaucoup de notre encre ordinaire, et qui contient beaucoup de vitriol. Il recommande de même les mouches cantharides : il ne faut donc pas être surpris qu'on loue aujourd'hui avec tant d'enthousiasme la teinture de ces mouches, pour guérir les verrues et autres excroissances fongueuses de la peau.

Il faut surtout consuler Aëce (*Tetrabibl. IV. srem.* 4. *p.* 735) : puisqu'il y donne un dénombrement de tous les remèdes usités dans les tems reculés, dont il loue les principaux avec beaucoup de discernement.

Aucun des anciens n'a proposé un remède plus ridicule que Marcellus *(Med. Art. princip, Tom. II. p. 399.)*: *attritis calceamentorum factos clavos emendat veteris soleæ ac exustat cinis cum oleo impositus.* » Le meilleur remède pour guérir les cors, » occasionnés par le frottement des Souliers, est d'y appliquer » les cendres d'un vieux Soulier brûlé mêlées avec de l'huile. »

§. VI.

Le petit peuple, et les gens d'un âge avancé, les femmes surtout, négligent, faute d'assistance, les ongles des orteils : ils croissent alors, et forment des excroissances longues comme des cornes. J'en ai vu qui alloient, par exemple, du grand orteil R, (*Fig.* 8.) le long de Z, B, jusqu'à K, formant une courbure qui passoit par dessus les autres orteils. J'ai vu de ces cornes aux deux pieds ; j'en ai observé aux ongles du second orteil. Tous les ongles peuvent former des cornes proportionnées à la grandeur des orteils. J'en conserve plusieurs dans de l'esprit de vin, entre autres le grand orteil d'une femme dont l'ongle forme une corne prodigieuse, qui couvre tous les orteils. On rencontre des exemples semblables dans presque tous les cabinets d'anatomie. Mr. de Buffon décrit dans le *Vol. XIV. p.* 376. de son *Hist. Nat.* un ongle contourné en spirale, long d'un demi-pied, dont la circonférence avoit près de deux pouces. Cet ongle, dont l'accroissement s'étoit fait depuis douze ans, a été coupé par Mr. Campenon à un pouce de distance de la racine, au gros doigt du pied d'une fille âgée de 75 ans.

J'ai vu quelquefois sous les ongles une substance dure et spongieuse, qui soulevoit l'ongle, et qui occasionnoit une longue corne, qu'on avoit peur de toucher crainte de rendre le mal dangereux. Cette substance ne me parut point, d'après un mûr examen, du tout à craindre; je l'ai fait ôter après que l'ongle eut été ramolli dans de l'eau tiède. Cela étant fait, on peut couper petit à petit l'ongle, et l'emporter sans aucune mauvaise suite.

Toutes les fois que les ongles sont très-longs et très-durs, il faut les scier prudemment, puis les façonner avec un bon scalpel.

Voila quelles sont mes réflexions et mes remarques *sur la meilleure Forme des Souliers*. Qu'on juge si ce sujet, si peu important au premier aspect, ne mérite pas d'être traité avec beaucoup de soin? qu'on dise ensuite si Possidonius a bien ou mal raisonné, lors qu'il a prétendu, que l'art de faire des Souliers a été, suivant toute probabilité, inventé et perfectionné par les philosophes?

F I N.

TABLE DES CHAPITRES.

SECONDE PARTIE.

CHAPITRE Ier.

CHAPITRE II.

CHAPITRE III.

CHAPITRE IV.

TROISIÈME PARTIE.

CHAPITRE Ier.

CHAPITRE II.

CHAPITRE III.

QUATRIÈME PARTIE.

CHAPITRE Ier.

CHAPITRE II.

CHAPITRE III.

DISSERTATION

sur la meilleure forme des Souliers.

Fin de la Table.

ERRATA.

PAGE 8, ligne 19, *consulté*, lisez : *consultés.*
—— 12. — 16 et 17, et page 23, ligne 15, *faciale*, lisez : *facéale.*
—— 40. — 3, 7 $\frac{3}{4}$, lisez : 7 $\frac{1}{4}$.
—— 49. — 5 ; *qui tous sont placés sur un même rayon, les uns à côté des autres*, lisez : *qui toutes sont placées sur un même rayon les unes à côté des autres.*
—— 64. — 12 ; *large*, lisez : *haute.*
—— 68. — 5 ; *ligne Z D*, lisez : *ligne A D.*
—— 69. — 11 ; *supérieurs*, lisez : *supérieures.*
—— 70. — 8 ; *Planche II*, lisez : *Planche IV.*
—— 134. — ligne *pénultième de deux sexes*, lisez : *des deux sexes.*
—— 136. — 15 ; *basse*, lisez : *base.*
—— 160. — ligne *pénultième ; douloureuses*, lisez : *douloureux.*

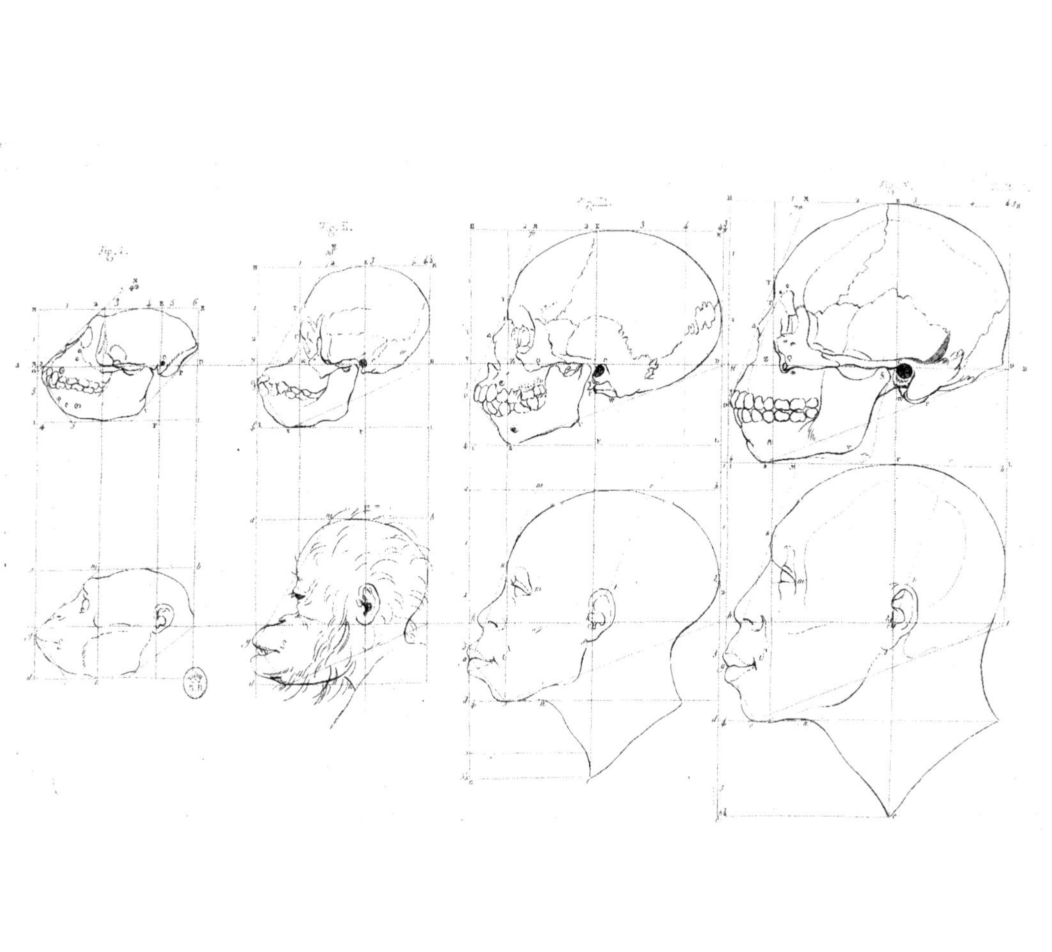

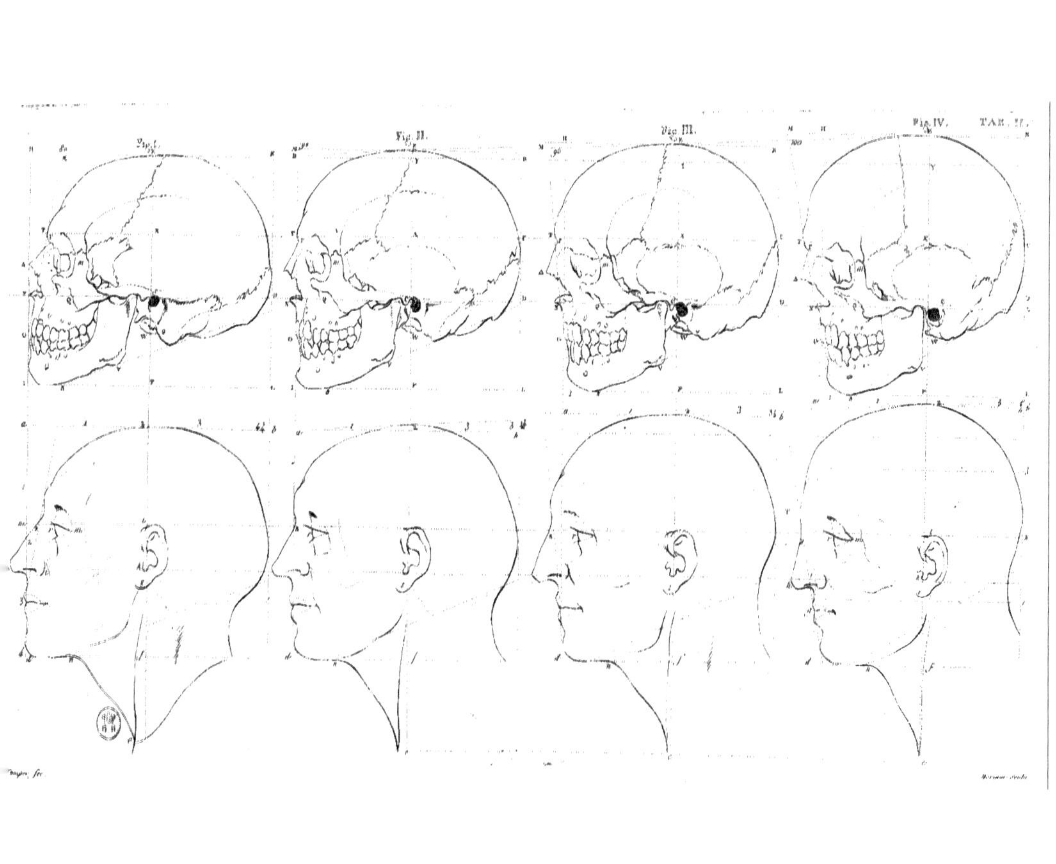
Fig. II.
Fig. III.
Fig. IV.
TAB. II.

TAB. III.

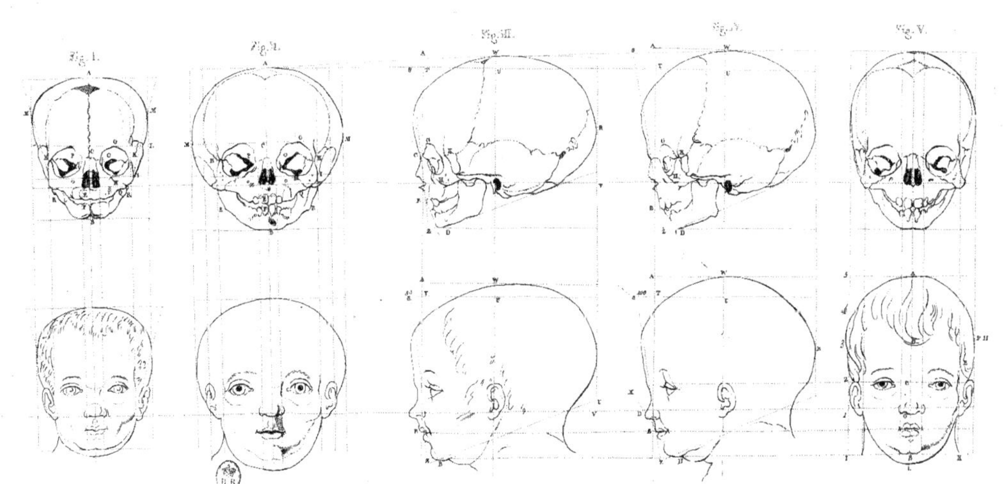

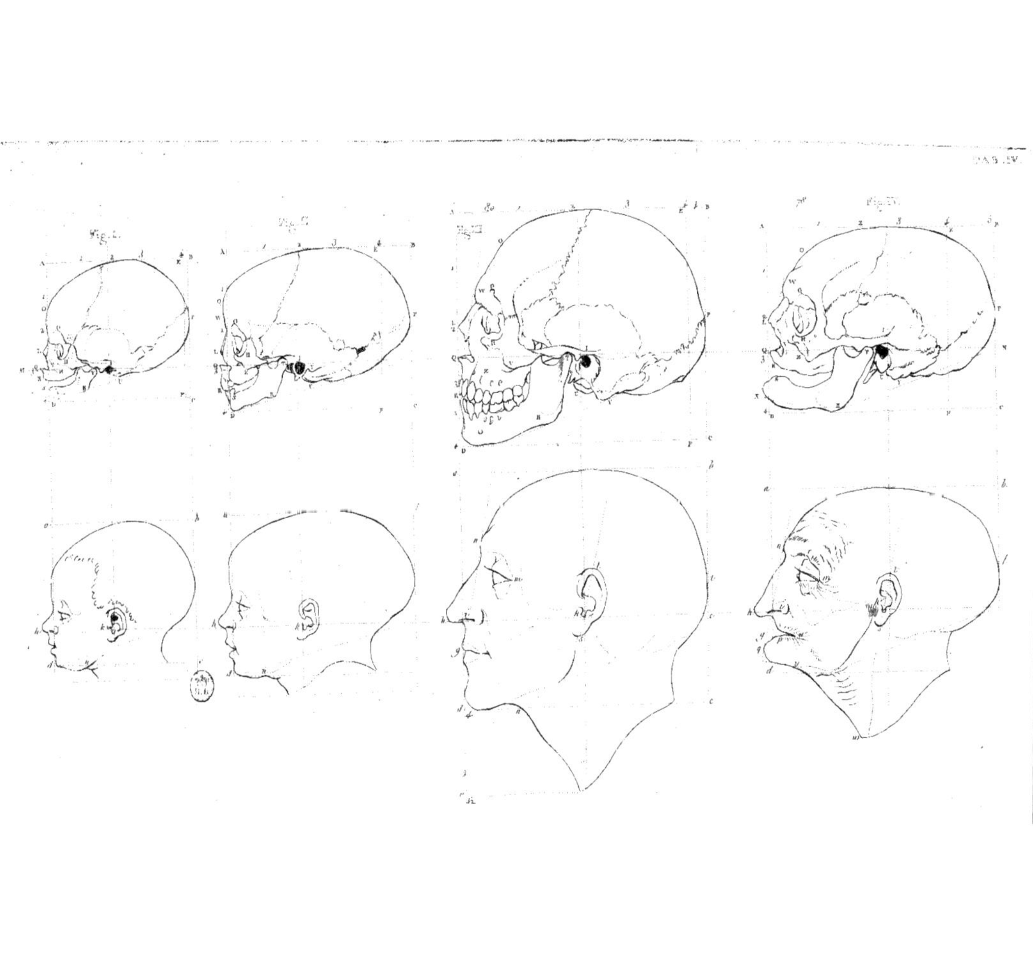

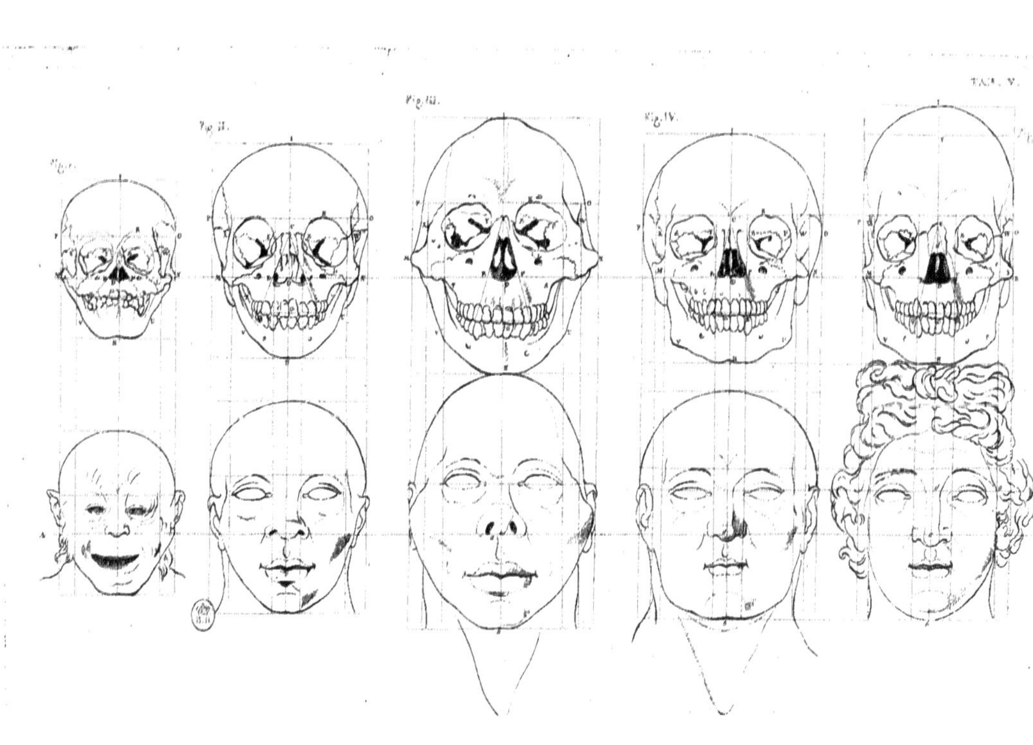

TAB. VI.

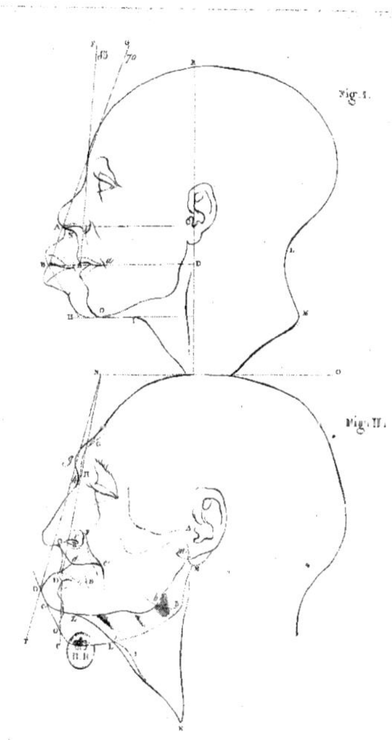

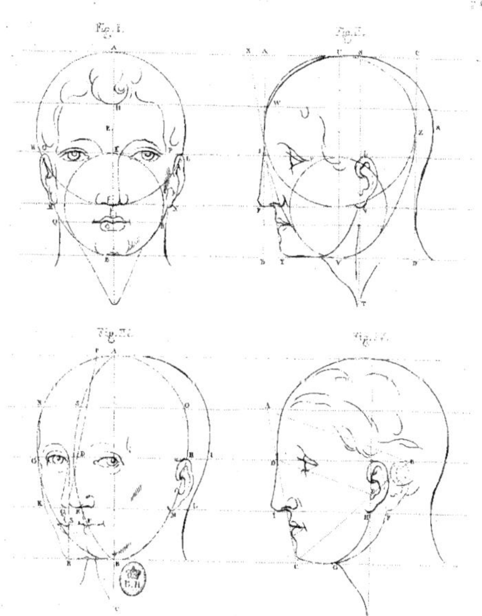

TAB. VIII.

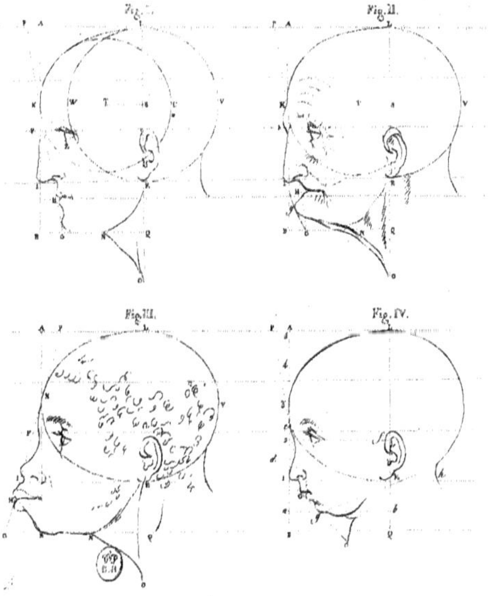

Fig. I.

Fig. II.

Fig. III.

Fig. IV.

TAB. IX.

Fig. I.

Fig. II.

Fig. III.

Fig. IV.

Fig. V.

Fig. VI.

Fig. VII.

Fig. VIII.

TAB. X.

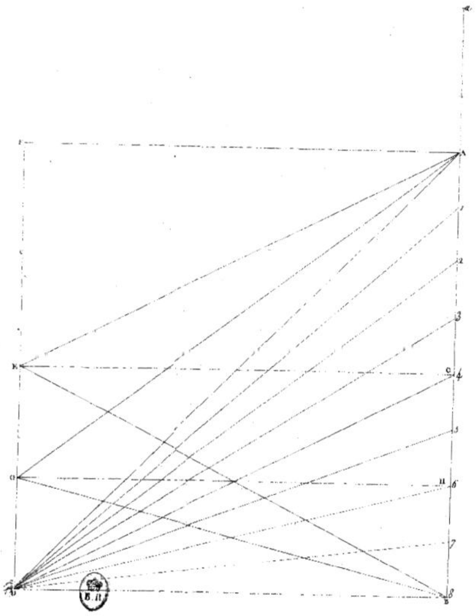

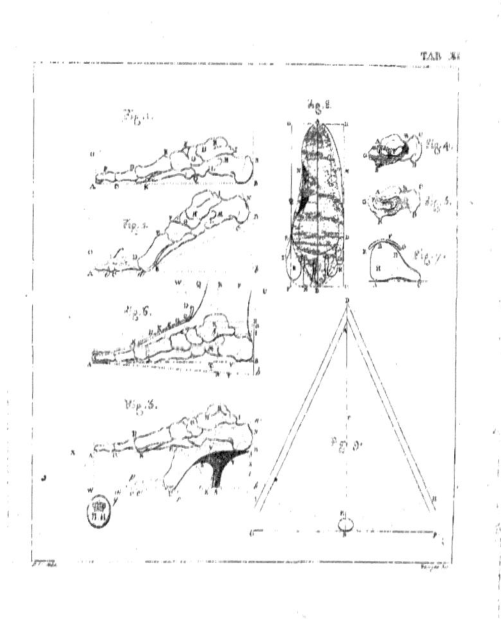

www.ingramcontent.com/pod-product-compliance
Ingram Content Group UK Ltd.
Pitfield, Milton Keynes, MK11 3LW, UK
UKHW020245250726
13967UKWH00004B/1529

9 782013 054942